アメリカ演劇 35 ……………………………目次

21 世紀アメリカの女性劇作家特集

幸福への執着がもたらす痛みについて

——エイミー・ハーツォグの『ベルヴィル』作品分析より

黒田絵美子

1. はじめに

エイミー・ハーツォグ（Amy Herzog, 1979-）の『ベルヴィル』（*Belleville*）は、二〇一一年にイェール・レパートリーシアターで初演された後、二〇一三年にはニューヨーク・シアターワークショップ、二〇一七年にはロンドンのドンマー・ウエアハウスで上演され、英語で書かれた女性作家による作品に与えられる賞であるスーザン・スミス・ブラックバーン賞の最終候補に選ばれた作品である。

二八歳のアメリカ人夫婦ザックとアビーは結婚五年目であり、パリのアパートに移り住んで初めてのクリスマスを迎えようとしている。劇中、このアメリカ人夫婦の他に家主である二五歳のイスラム教徒のセネガル人夫婦アリヨンとアミーナが登場する。家主夫婦は黒人俳優が演じ、ところどころ、フランス語による会話が織り交ぜられるという点、舞台がパリであるという点において、本作品には異文化の中に身を置くアメリカ人に焦点が当てられている。

出自の異なる家主アリヨンを聴き手として、アビーとザックが語る過去と現在の状況から、観客は次第にこの夫婦の抱える問題を知らされることとなり、それぞれの言い分とその信憑性が問題となる形でドラマが展開される。しかし、夫婦の抱える問題の核にある人間関係の闇の正体がいったい何であるのかが明解には語られないまま、悲劇的な結末を迎えることから、本作品に関する批評やコメントではサイコロジカル・スリラーという文言が用いられている。

夫婦間のストレスが何気ない日常会話の中で表されるハロルド・ピンター（Harold Pinter, 1930-2008）の『かすかな痛み』（*A Slight Ache*, 1958）や若い夫婦を観客として年長の夫婦が心理戦を繰り広げるエドワード・オールビー（Edward Albee, 1928-2016）の『ヴァージニア・ウルフなんか怖くない』（*Who's Afraid of Virginia Woolf?*, 1962）を彷彿とさせるようでもあり、また、ザックとアビーがしばしばひとりになるための避難所として浴室が用いられる点において、『欲望という名の電車』（*A Streetcar Named Desire*, 1947）のブランチの姿をも想起させる。さらに、幕切れのザックが浴室で自殺を図る場面はユージーン・オニール（Eugene O'Neill, 1888-1952）の『朝食前』（*Before Breakfast*, 1916）の結末と重なる。

ヘンリック・イプセン（Henrik Ibsen, 1828-1906）の『人形の家』（*A Doll's House*, 1879）の翻案により二〇二三年度のトニー賞にノミネートされたハーツォグは、イェール大学で演劇学のMFAを取得し、現在、同大学で演劇を教えている。このように、アメリカ演劇のみならず、海外の戯曲にも精通している作者の知見の広さと人間観察力の奥深さが、『ベルヴィル』の人物造形や巧みなドラマ展開に現れている。ポーラ・ヴォーゲル（Paula Vogel, 1951-）は、イェール大学で二〇〇八年から二〇一二年まで教鞭を執り、その後もイェール・ドラマシリーズの審査委員を務めているので、ハーツォグはヴォーゲルの後に続くアメリカ女流劇作家のひとりとして位置づけられる。

『ベルヴィル』には、資本主義国家アメリカにおいて、人々の日常に深く浸透している事例研究的（pragmatic）な問題解決方法に対する作者からのアンチテーゼとも受け取れる要素が随所に見られる。今日、アメリカでは夫婦や親子の抱える問題、精神的な病、経済的、法的トラブルなど、人間の抱えるほぼすべての問題について、さまざまな専門分野における数多くの実践家らが四〇分ほどの番組内に解決して見せるリアリティー・ショーが人気を博している。問題解決への答えを指南するというスタイルの番組づくりは、教養番組であるTEDスピーチにおいても同様で、あらゆる問題に関する解決方法が統計的データやイメージ画像のスライドとともに二〇分ほどで提示され、講師は聴衆の拍手を浴びるのである。子供の家庭内暴力やADHDに疲れ切って、最後の頼みの綱として番組に出演した両親に対し、『ドクター・フィル・ショー』[1]のナビゲーターは、「なぜもっと早く相談に来なかったの？」と言い、問題を脳科学、神経学、心理学、ホルモンなどの側面から分析すると、最後には彼が信頼する特別な施設へ無償で問題児を送り込むことを約束、両親は涙ながらに感謝する。法律が関わる問題を扱う公開裁判の人気番組も複数ある。中でも『ジャッジ・ジュディ』[2]では、原告と被告との間で複雑にもつれた問題を女性判事がテキパキと裁いては、「はい、次」と、次の事案に移っていく。多くの場合、要領を得ない相談者の不定愁訴のような不満や感情はバッサリと切り捨て、不服が残る当事者の心情にはお構いなしの裁きを下すのである。反対に、交通違反をした人の裁判の様子を見せる番組[3]では、温情ある寛大な裁きで罰金を免除したり、裁判所が肩代わりして違反者や視聴者の感動を誘う。

アメリカでは、同様な問題解決型テレビ番組はこの他にも数多くあり、これらの番組パーソナリティーさえいれば、解決しない問題はないのではないかとさえ思われるほど、その道の権威である彼らはアメリカ社会にとって重要な存在となっている。そして、視聴者らの抱える問題が解決された先にあるのは、安堵と「幸福」である。現代社会におけるさまざまな問題を抱えた視聴者は、自分の本来あるべき幸福な姿と現実とのギャップを埋めるべく、問題解決型のこれらの番組に見入るのであろう。パートナーや家族間の人間関係という、複雑で曖昧な問題がアメリカ的問題解決方法により、グレイゾーンを残すことなく明解に解決されていくさまは、リアリティー番組としてばかりでなく、ドラマやショーとしても小気味良く、安定した人気と視聴率を見込むことができる。

人間関係の複雑さや個人の心の内を小説や演劇、映画などの芸術作品に触れることを通して個々人が深く考えるという、時間のかかる工程は省き、人々の抱える悩みや問題を材料として番組を制作し、それらの問題を解決するプロの技をエンターテインメントとして提示する。つまり、人間の抱える問題が商品化されているというのが、アメリカ社会の現状である。

プラトンやアリストテレスといった哲学者らが追究した「幸福」という深淵なテーマは、現代のネット社会においては頻繁に検索されるキイワードとなり、消費される対象ともなっている。たとえばキャロリン・グレゴワール(Carolyn Gregoire)は以下のように述べている。

至るところ、幸せになるためのアドバイスで満ち溢れている。グーグルで「幸福」と入れると、七千五百万もの検索結果が出てくるし、アマゾンでは、幸福に関する書籍が四万冊も出回っている。

（グレゴワール）

しかし、人々の問題解決について有能な専門家たちが日々、力強い情報発信をしている現代アメリカ社会において、それらの知見や手法が生かされて人々が以前より幸福になっているかと言えば、そうではないことは明白である。

単純明快な問題解決方法を提示する書籍やテレビ番組に溢れる現代のアメリカに生きるハーツォグは、『ベルヴィル』において、敢えてそのような頼れるカウンセラーたちのいない環境に夫婦を置く。精神的にも経済的にも、また、家族の構成員としても大人になりきれていない未熟なアメリカ人の姿を観客に見せることにより、自分の頭で考え、心で感じること、真のコミュニケーションとは何かなど、即座に答えの出ない問題を舞台上に提示している。

ハーツォグは、『四〇〇〇マイルズ』（*4000 Miles*, 2011）で家族や恋人との心の行き違いに苦悩する青年と彼を温かく見守る祖母との心の交流を描いた。『偉大なる神パン』（*The Great God Pan*, 2012）では、友人から父親が小児性愛者であったと知らされことをきっかけに、もしかしたら幼少期に自分も被害を受けていたのではないかという疑惑に悩む主人公を描いている。いずれの作品においても、大人になりきれていない主人公が、家族や友人など身近な人物との関りの中で受けた傷や痛みとどう向き合うかが主題となっている。これらの作品においては、前述のテレビ番組のように明解な答えをくれる専門家はいない。主人公は苦悩しつつも現実と折り合いをつけていく道を自力で模索しなければならないのであり、ハーツォグはそういった主人公の心の変化と、他者の痛みに当惑したり共感したりしながら寄り添う周辺の人物の心理を緻密に描いている。

本稿では、『ベルヴィル』のザックとアビー夫婦の抱える問題を精査することを通して、大人になれないアメリカ人の苦悩の根源を探り、彼らの言う「幸福」とは何か、現代アメリカ人が抱く幸福な生活や人間関係とは何かについて分析していく。そして、幸福を手に入れるためのさまざまな指南書やスピーチ、頼もしいカウンセラーたちの言説に溢れる現代アメリカにおいて、劇作家ハーツォグが注目する人間の痛みと、登場人物らを強迫観念のように追い詰める幸福という幻想との相関関係について考察していく。

2. 夫婦の抱える傷と痛み

ザックとアビーは共に精神的に未熟であり、自身の心身の不安定の原因が相手にあると感じている反面、相手を過剰に気遣い、時に伴侶ではなく保護者のように振舞うという、共依存の関係にあることが、劇の早い段階からうかがえる。

また、夫婦が舞台上で見せる親密さの裏にある欺瞞も本作品の重要なテーマとなっている。劇中、足の爪が割れるほどの怪我をしたアビーに対し、ザックはその足の指を口にくわえるという親密なケアをしてみせるが、その一方で、彼はアビーの精神不安定な状況について、家主アリヨンに愚痴をこぼす。彼は夫婦の関係がうまくいっていない主な原因が、アビーが向精神薬を飲むのを止めてしまったことにあると考えている。彼はまるで、アビーが薬さえ飲めば、夫婦の不安定な関係も家賃の滞納もすべて解決するかのように説明する。ここにもやはり、即効性のある解決策を求めがちな現代アメリカ人の特性が表れている。

ザック　彼女、今、薬を止めようとしているんだ。いや、止めようとじゃなく、止めてる。地獄だよ。でも、おれは何も言っちゃいけないんだ、言えば、「非協力的」ってなるから。それに、これは「移行期」だから。だからね、薬を砕いて食べ物に入れてやろうかと思って……あんまり、いい考えではないけど。

アリヨン　薬って……？

ザック　ああ、抗うつ剤とか、抗不安剤とか……。

（二三）

ここでザックの言う「非協力的」（unsupportive）や「移行期」（period of transition）という用語は、専門医による指示に基づくものというよりは、精神不安定な人への対処法や精神疾患の症状の現れ方を解説したネット情報など、一般的に流布されている情報ではないかと推測できる。このザックの台詞から読み取れるのは、アビーの服薬の中断について夫婦が冷静に話し合って決めたのではないということである。「非協力的」や「移行期」といった文言は、アビーの個人的な状況に鑑みて用いられたものではなく、現代アメリカ人に多く見られる精神疾患の症状のひとつという、一般化された表現である。つまり、即効性のある答えを求めがちなアメリカ的問題解決法に基づく用語のひとつに過ぎない。ザックは、アビーの一番身近にいる人間でありながら、彼女が「薬を止めようとしている」もしくは「止めている」ことについては何ら積極的な介入をしていないばかりか、彼女の状況を「よくある症状」として一般化して捉えているのである。それでいて、そのような立場にいる自分の苦しみについては、「地獄」という強い表現で個人的な痛みとしてアリヨンに説明する。パートナーを気遣う献身的な夫という役どころは守りつつ、実は自身の辛さのほうに重きを置くザックの未熟な精神構造が垣間見える台詞である。

ザックは年下の家主アリヨンの前で、妻の精神不安定な状況に向き合い、問題への対処法を分析する献身的な夫を演じて見せて、その苦悩を吐露して同情を得ようとしている。しかし、ザックは自らの苦境を理由に、また、アメリカから異国の地へ来て知り合いもいないという立場を利用して、年下の家主アリヨンを言いくるめ、家賃を滞納しているばかりか彼から金を借りてさえいる。つまり、ザックとアビーという未熟なアメリカ人夫婦は、家主夫婦のパラサイトとしてパリのアパートを占拠している状態なのである。

ザックは「国境なき医師団」の医師として子供をＡＩＤＳ感染から守る仕事をしていると吹聴してきたらしいが、実は医学部も出ておらず、医師免許も持っていないことが劇の終盤で判明する。アビーの足の爪の怪我やアビーの妹の難産について、ザックが医師の立場で見解を述べる場面があるが、テレビ番組に出て来る専門医のコメントのようなわけにはいかず、アビーも彼の医学の知識について訝しがる。

アビー　もっと詳しく教えて。
ザック　うん、ニュージャージー州の大きな病院で母親か赤ん坊のどちらかに危険が生じる確率はほぼゼロだということ。
アビー　ありがと。あなた、産婦人科の実習も受けたんでしょ？
ザック　そう。
アビー　じゃあ、わかってて言っているのよね。

（三二―三三）

アビーの妹の出産に心配がないとするザックの主張の根拠が、「大きな病院だから」（三三）という考え方にもやはりアメリカ的な成果重視に基づく発想が窺える。本論の冒頭で挙げたアメリカの人気テレビ番組『ドクター・フィル・ショー』で、問題を抱えた相談者にドクター・フィルが専門施設を紹介する際、必ず言うのが「アメリカで最高レベルの」や「一番大きい」という謳い文句である。

「大きい病院」イコール「問題は起こらない」というザックの発想は、「確率」などという一見、説得力のありそうな知的な文言を用いてはいるものの、アビーが呆れてしまうほど根拠のないものであることは明白である。インテリを標榜し、訳知り顔の発言が多い自称医師ザックの胡散臭さは、劇の早い段階から観客も気づく形で提示される。

ザックは、劇の冒頭から何度かマリファナを吸っている。大麻の使用は、アメリカ社会においては州レベルでの合法化はすでに実現されているが、連邦政府レベルでは、一九七〇年以降、医療的価値がなく、乱用性の高い麻薬として禁止されている。家賃を滞納するほど経済的に困窮しているザックが、現実の苦痛から逃れるための安直な手段として使用しているマリファナは、『四〇〇〇マイルズ』においては孫と一緒に祖母が吸引する。心の闇を上手く言語化できない孫に寄り添うためのコミュニケーション手段として、九一歳の祖母にはおよそ似つかわしくないマリファナが使用されているのである。

『ベルヴィル』においては、アメリカ人ザックがセネガル人の家主アリヨンとともにマリファナを吸うことで、ホモソーシャルな秘密の共有という形のコミュニケーションを図る。二五歳にして子供もおり、堅実にアパート経営をしているアリヨンも、妻に内緒でマリファナを吸うという、ひとときの冒険を楽しむ。ザックがアリヨンに対して先輩らしく振舞うのは、彼にマリファナを薦めるときだけである。現実のザックは家賃を四か月も滞納しているうえに、アリヨンからクレジットカードも借りていて頭が上がらない状況である。経済的困窮を抱え、精神不安定の妻との関係にも行き詰っているザックであるが、マリファナを吸うことについてはアリヨンの兄貴分のように振舞い、立て続けに二回の吸引を薦めるのである。ザックのマリファナ使用の場面は、劇の早い段階から彼の自制心の欠如と現実逃避という側面を際立たせている。

ザックが妻アビーに対して唯一夫らしく振舞うのは、彼女の怪我の手当をするときと、泥酔した彼女を介抱するときだけである。しかし、それは大人の男性としてというよりは、共依存関係によくあるパターン、すなわち、自分がいなければ相手は立ち上がることも出来ないという、歪んだ支配欲に基づく振舞いであり、相手が病気や怪我や意識障害など、弱い状況にあるときほど、自身の存在意義を実感できるのである。共依存関係に現れる特徴を解説したウエブサイト *9 Warning Signs of a Codependent Relationship. Addiction, Health & Wellness, Recovery, Therapy* では、九つの兆候のひとつとして「ケアテイキング」を挙げている。

共依存の主な兆候は、あなたが常にすべての人の世話を焼かなければならないと感じてしまうことである。この兆候は幼少期に親の要求に応えられないと恐ろしいことが起こるということを学習してしまう典型的な状況から生じる。その結果、彼（女）は他の人々、特にパートナーの世話を焼かなければという強迫観念を抱くことになる。それは、愛情からではなく、そうしないと何か悪いことが起こるという恐れからである。ほとんどの人は、助けなしでもひとりでうまくやっていけるが、自分が助けなければとても酷いことが起こるという感情は、しばしば共依存の兆候となる。

〔（ ）は引用者による補足〕

アビーがしばしば父親と電話で話をしたり、母親との関係についても言及するのに対し、ザックは自分の両親については一切語っていない。しかし、ザックのアビーに対する過剰なケアテイキング行動や、無職で家賃も払えていないにも拘わらずそれを妻に言えずにいる状況、明らかに何かから逃れようとするかのようにマリファナを吸う様子から、彼が抱えているアダルトチルドレンの問題が浮き彫りになってくる。ザックは医学部を出ていないことを伝えればアビーに失望される、アビーが望んだパリでの暮らしが立ち行かなくなったと知られたら結婚生活は破局を迎える、という強迫観念に支配されてしまっているのである。本人による細かい説明はなくともザックの幼少期に植えつけられた親の影響は容易に窺い知ることができる。

夫婦の間には沢山の問題があるが、諸悪の根源はふたりが精神的に自立できていないことである。そして、一見、献身的とも思えるザックのアビーに対するケアテイキングは、双方の自立を阻止し、共依存関係を継続するための行為となってしまっている。ハーツォグは夫婦の共依存関係について、リアリティー番組の専門家のような解説は加えていないが、ザックとアビーの人物造形の細部に渡り、アダルトチルドレンのリアルな姿を描き出しているのである。

ザックが過剰に面倒を見るアビーは、女優で今はヨガの講師をしているというが、現実にはヨガの生徒はひとりもいない。果たして本当に女優なのかさえ疑わしい。ザックのみならず、アビーも収入を得る手立てがなく、夫婦の異国での暮らしが破綻するのは時間の問題である。現状についての詳細を把握していないアビーを含め、夫婦ともに危機的な現実をわかっていながら、問題解決に向き合うことはしない。まるで、ピンターの『料理用昇降機』(*The Dumb Waiter*, 1957) に登場する二人の殺し屋ベンとガスが上から降りて来る料理の注文に手持ちの品を代替品としてなんとか応えている状況のような、なんとも不条理で理性的判断を欠く生活である。

劇評家モーリーン・リー・レンカー (Maureen Lee Lenker) は、夫婦のうち、どちらの話に信憑性があるのかについて、ハーツォグが意図的に曖昧な形で観客に提示していると指摘する。

> ハーツォグは、劇中、夫婦が質問し合うたびに、夫婦のどちらのほうを信じたら良いか、どちらの精神のほうが正常かと推測し続ける状態に観客を置いている。『消えた女』[4]や『電車に乗る女』[5]の時代、真の闇が何であるのかを探らずにいることは難しい。しかし、劇はしばしば想定外の方向へ展開していく。たとえそれが、観客が期待したほど(スリラーを見慣れたわれわれの文化では避けられない兆候ではあるが)ドラマティックな展開にならなかったとしても、である。(レンカー)

レンカーの指摘にあるように、アメリカの観客は夫婦間の心の闇を描いたスリラー映画やドラマを見慣れている。また、女性の心の痛みの原因として、夫の浮気や不妊、出産にまつわることなど、観客の側にすでに一定のひな型が出来ている。しかし、ハーツォグはそういった観客の予測を裏切ることで、出口がたやすくは見いだせない夫婦の状況を描いているのである。

『ベルヴィル』において、ザックに秘書ブリジッドからの電話がかかり、アビーは彼女と夫との仲を疑うが、実はブリジッドというのはザックが創り上げた架空の存在で、劇の終盤では、彼がパソコンを使い携帯にブリジッドからの電話がかかるようにしていたことが彼自身の口から暴露される。つまり、夫婦の心のすれ違いの原因がザックの浮気ではないか、というお決まりの筋書きを予想する観客のみならず、アビーの予想すら裏切られるのである。そして、なぜザックがそんなことをしてアビーの嫉妬心を煽ったのかという、ザックの心の闇と夫婦の複雑な関係性に焦点が移行する。夫婦の心のすれ違いの原因は、夫の女性問題などではなく、当事者同士の問題であり、ひいては個々の問題であるという現実に直面したとき、ザックとアビーが成熟した大人として対処できるのか否か。夫婦関係がうまくいかない原因を他者のせいには出来ないというシビアな状況を作者は提示しているのである。

架空の秘書ブリジットの存在という劇作上の仕掛けは、レンカーの指摘通り、夫婦をめぐるスリラー映画を見慣れ、不倫というお決まりの筋書きに馴染んだ観客にとっては驚愕の展開であろう。不倫のドラマのみならず、夫や妻の不貞をウソ発見器により暴くリアリティー番組を見慣れた現代アメリカの観客にとって、白黒のハッキリつかないザックとアビーのような夫婦の問題を突きつけられることには新鮮な驚きがある。

夫の浮気と並んで女性の痛みの原因の代表格である出産への不安は、アビー自身ではなく、アメリカに住む妹メグの難産という形で提示される。臨月を迎え病院に運ばれた妹メグの血圧が上昇した様子などが、父親からの電話で伝えられると、アビーは不安を募らせる。アビーの父親は、彼女にとって親しみやすい存在である一方で、メグの心配な状況を涙声で伝えてきていることから、肝の座った頼れる父親というよりは、友達のような親子関係であり、むしろアビーのほうが父親をなだめている様子から、父親と娘の間にも共依存関係があることが推測できる。すぐそばにいて病院のケアのもとにあるメグの心配な状況をパリにいるアビーに伝えたところで、どうなるものでもない。自分一人では抱えきれない不安をアビーに共有してもらいたいという父親の甘えに過ぎない。アビーが父親と電話で話すことをザックが疎ましく思っていることもうなずける。共依存の関係において三角関係が生じているからである。

アビー　パパは、ごく当たり前の処置だって言うんだけど、そう言うパパの声がさっきまで泣いていたみたいだったの。喉に何か詰まったみたいな泣き声だったの。(三二)

女性の出産に伴う苦しみに耐えられない男性を描いた衝撃的な作品として、アーネスト・ヘミングウェイ (Ernest Hemmingway, 1899-1961) の『インディアン・キャンプ』(*Indian Camp*, 1924) がある。ネイティブ・アメリカンの妊婦の胎児が逆子であることがわかり、駆けつけた医師は道具や麻酔なしの厳しい環境のもとで帝王切開をして無事に出産させるが、妻の上げる苦痛の声に耐えられなかった夫は子供の誕生を知る前に自らの命を絶つ。出産には新たな生命の誕生という大きな喜びとともに母体に大きな苦痛が伴うという、女性に与えられた宿命とその痛みを分かち合うことが出来ない男性の苦しみを医師の幼い息子ニックが目撃するというヘミングウェイのこの短編小説は、解説書ではイニシエーション物語として位置づけられている。

この作品は「イニシエーション物語」の良い例である。主人公がそれまで知らなかった考えや経験、儀式、または知識と出会う短編小説である。（中略）この非常に短い小説は、バイオレンスと苦痛、誕生と死、性差別と人種差別を扱っているが、ヘミグウェイが強調したいのは、ショッキングな出来事そのものではなく、誕生と死がそれを目撃したニック・アダムスに与えた影響である。

（「ヘミングウェィの短編小説［"Hemingway's Short Stories"］」）

アビーの妹メグの場合、帝王切開ではなく、麻酔も医療設備も整った病院での出産であり、単に血圧が急上昇したため陣痛促進剤を投与されたに過ぎない。しかし、アビーの父親は、異様なまでに動揺し、逐一アビーに状況を報告してくる。また、アビーもそれに呼応するかのように不安な様子でザックに医師としての意見を求める。アビーの父親もアビーもひとりの自立した大人として、「痛み」を受け止める覚悟がない。電話の向こうの父親は娘のアビーを庇護者と思って助けを求め、アビーはザックからの慰めを求める。しかし、前述したとおり、自立を果たせていないザックもまたその痛みを受け止めるだけの余裕は持ち合わせていないのである。彼らはニック・アダムスが幼い頃に父親から学んだような生命の誕生や死に関する根本的な心構えが出来ていない。苦痛を受け止めるイニシエーションを経験していない未熟な大人なのである。

3.「未成熟」という現代アメリカ人の病

セネガル人の家主夫婦は、二五歳ながらアパート管理で生計を立て、子供も二人いて堅実な暮らしをしている。家主アリヨンが自分よりも若いという事実を知ったアビーは、彼がその若さでしっかりと家庭を築いていることに大変驚き、彼の幼少期の育てられ方について質問をする。

アビー　ねえ、教えて。小さい頃にさあ、ご両親から何度も言われた？「おまえが幸せなら何をやっても構わないよ」って。

短い間。

アリヨン　いいえ。

アビー　やっぱり。子供にそういうことを言うのは最悪なんだって気がしてきた。わたしは子どもたちにそんなことは絶対、言いませんように。（一九）

本作品が発表された二年前に出版され、その後、ベストセラーとなったグレッチェン・ルービン（Gretchen Rubin）の著書『幸福プロジェクト』（*The Happiness Project*, 2009）は、タイトルの示すとおり、幸福を得るための具体的な実験を一二か月に分けて行った筆者の体験を踏まえた指南書である。

　アリストテレスは、幸福は summum bonum、すなわち、「善」であると主張した。人々の欲求は、権力や富、あるいは、一〇ポンド痩せるなど、善以外の物に向かう。なぜなら、それらが幸福に繋がると信じているからである。しかし、彼らの真のゴールは幸福である。ブレーズ・パスカルは、「すべての人は幸福を求める。例外はない。手段は違えども、目的は同じである」と述べた。ある研究によると、世界中で、人生から一番得たい物は何かと問われたら……そして、自分の子供たちに何を一番望むかと問われたら……人々は「幸福」だと答える。「幸福」が何を意味するのかという点において意見の一致を見なかった場合でも、ほとんどの人が、独自の定義に従って、「今より幸福に」なれるという点では合意する。わたしは自分がどんな時に幸福を感じるかはわかる。わたしの目的を果たすのにはそれで十分なのだ。（ルービン　七）

ルービンがハーツォグと同じイェール大学で法律を学んだことや作品の発表年代から、ハーツォグが『幸福プロジェクト』から何らかの影響を受けていたのではないかと推測できる。アビーは父親との電話の際に、ヨガ教室に生徒がひとりも来なかったことを自虐的に語るが、その際、禅の公案になぞらえる。

アビー　……。もしもし、パパ。キャンセルになったの。（出て行きながら）誰も来ないんだもん。生徒がひとりも来ないヨガ教室、とはいかに？　これ、アビーの禅の公案。（二二）

禅の公案については、『幸福プロジェクト』の中でルービンが幸福を得るための手段のひとつとして研究対象としている。

しかし、私が最も興味をそそられたのは、禅の公案（ベン・コーエンの韻を踏んだもの）の研究でした。公案とは、論理的に理解できない質問や発言のことです。禅宗の僧侶は、悟りを追求する過程で理性への依存を放棄する方法として公案を瞑想します。最も有名な公案は「両手をたたくと音がする。では、片手の出す音は？」（ルービン　二六八）

生徒はいないものの、アビーがヨガを教えていることや禅に馴染みがあることなどから、彼女が心の平安を東洋思想に求めていたのではないかという可能性も考えられる。しかし、彼女の情緒不安定な言動からして、ヨガも禅もひとつのファッションとして取り入れているに過ぎず、これもまたアメリカ的、安易な問題解決方法と捉えるほうが妥当であろう。

そして、ルービンの紹介する拍手の音についての公案は、皮肉なことに、ザックとアビーの共依存関係を想起させる。すなわち、夫婦に起こっている問題は、どちらか片方だけに原因があるのではなく、ふたりで作り上げたものだということである。ザックはアメリカでの仕事を辞めてまでパリに来た理由について、アビーが欲していたことだからと言うが、アビーは、パリは両親がかつて旅行をした思い出の地であり、週末に行ってみたいと言ったに過ぎないと反論する。そのような簡単なことすら夫婦の間でコミュニケーションが取れていなかったのである。劇の終盤、ザックが自分は医学部をドロップアウトしたのだという事実をアビーに語る場面の会話は、観客の笑いを誘うのではないかと思われるほど幼稚な夫婦の思いのすれ違いを露呈している。

アビー　なぜ言わなかったの？

ザック　だって、君は自殺でもしかねないほど落ち込んでいたし、僕が医学部に通っていることが君や君の家族にとってとても大事なことだったからさ。
アビー　わたしたち、ここで何をしているの？
ザック　君がパリに来たいって言ったから。
アビー　それは……！　週末によ！
ザック　ぼくは君がここに住みたいと思ったんだ。
アビー　わたしに聞いてくれれば良かったのに。（六五）

アビーと彼女の家族の期待に応えられない自分、というザックの抱える罪悪感の裏には、彼自身も気づいていない怒りの感情がある。それは、幸福になれという強迫観念を植えつけた親に対して恨みを持つアビーの怒りと同種のものであり、ザックはその怒りを「秘密」や「欺瞞」という形で自分の中に抱え込む。実は医学部は出ていない、医者でもなく、無職である、ブリジッドという秘書も存在しない。これらの秘密や嘘は、ザックが信じ込んでいるようにアビーに対する気遣いから出たものではなく、彼の心の奥底にある怒りの表現方法なのである。同様な怒りや欺瞞はアビーの側にもある。ザックがアビーに真実を暴露するこの場面の直前では、夫婦の溜め込んだ怒りは、観客からは見えない浴室からの激しい物音、アビーの流血という形で爆発している。


彼は数歩後ずさりしてドアに突進すると、ドアが開く。彼はバスルームに入ると、驚きの叫び声を上げる。激しい水しぶきの音、格闘するような音が数秒続いた後、アビーのあえぐ声が聴こえる。

アビー　（舞台外で）　やめて！

滑ったり、落ちたりする音。ガラスの割れる音。大きな衝撃音。（六〇）

浴室から出てきたふたりはずぶ濡れであるのに加えて、血だらけである。しかし、ふたりの台詞からは、浴室で何が起こったかは判然としない。アビーは「ただお湯の中で息を止めていただけ」（六一）と言い、ザックは「大丈夫。血は沢山出ているけど、ちょっと切っただけだ。眩暈は？」（六一）と、アビーへの気遣いの声がけとケアテイキングに没頭する。だが、ここでのアビーは、足の爪を怪我したときや泥酔したときとは違い、ザックのケアを素直に受け入れようとはしない。言い換えれば、夫婦が演じてきたケアテイキングのゲームからアビーは降りたのである。このことがきっかけとなり、ザックの中にある怒りが真実暴露へと繋がり、それまで病める妻をケアする役を演じてきたザックの精神状態が崩壊していくこととなる。そして、それまでケアされる側だったアビーが、今度はケアテイキングの役割を申し出る。

アビー　そう。一緒にアメリカに帰って治療しましょう。小さなアパートを借りてもいいし、わたしが働く、働くのはわたしにはいいことだと思う。いいの、何でもする、あなたは考える時間を取ればいい。今までなかったから、そんな時間なかったでしょ。わたしは沢山時間があったけど。
ザック　そうだね。
アビー　今度はわたしがあなたの世話をするわ、お互いにとって、とてもいいことだと思うの。
ザック　いいね。
アビー　そう？
ザック　とてもいい。

（六七―六八、傍線は引用者による）

アビーのケアテイキングの申し出にザックも同意するが、すぐ後のト書きでは、「彼は彼女を信じていないが、このような彼女の言葉を聞くことが嬉しいのだ」（六八）と書かれている。ここでアビーの言う「世話をする」ということの中身は、主に経済的なことである。そして、ザックが舞台上で見せるケアテイキングは、怪我や酩酊により身動きの取れないアビーの身体的サポートである。どちらの場合も自立した大人の男女が自己実現のために足りないところを補完し合うというような、幸福の追求を目指す高次元のケアテイキングとは言えない。

　幸福について、「幸福の悲劇（The Tragedy of Happiness）」と題した序章から始まり、歴史的な分析を行っているダリン・マクマホン（Darrin M. McMahon, 1965-）は、幸福の追求は快楽や快感をゴールとするものではないことを、アリストテレス以降のさまざまな思想家の幸福論を辿りつつ解説している。

　人間は休息し、自身を再生しなければならないとアリストテレスは信じた……喜びと寛ぎを得ること、楽しみと安心を見つけること……それは、真剣な努力に備えるためであって、さらなる快楽や快感を得るという最終目的に向けて新たなエネルギーをもって仕事をするためではない。気晴らしを活用することに肯定的であったディヴィッド・ヒュームでさえ、バックギャモン、もしくはゴルフやビアリッツで過ごす週末が人生の目的とは考えていなかった。アリストテレスが信じ、ベケットが同意したように、そんな人生は「不条理」ではないだろうか？（マクマホン　四七四）

パリに行ってみたいというアビーの希望をパリに住みたいのだとザックが勘違いしたことから、夫婦がベルヴィルのアパートにいて家賃も払えず、アメリカに帰ることもできないという閉塞状況は、まさに不条理であり、マクマホンの論考にもあるように、幸福を得るための最終ゴールからは程遠い。

ハーツォグの作品を高く評価する『ニューヨークタイムズ』のチャールズ・イシャウッド（Charles Isherwood）は、パリのアパートに閉じ込められたようなザックとアビーの関係を、親密な相手との関りにおいて誰しもが経験したことのある心の距離感に注目して捉えている。

ある極めて重要な場面で、ふと気づくとわたしは薄暗い舞台上のザックの顔にいったいどのような表情が浮かんでいるのか、必死で見定めようとしていた。狭いアパート内でベールに包まれた敵対心が閉所恐怖症のように行き場を失うと、アビーの混乱と恐怖が高まってくるのを観客は感じ取る。それは、われわれの多くが親密な人との間で感じたことのある感情である。ベッドやソファで自分の隣にいる人が突然、見知らぬ人となり、その人の動機も求めるものも、深い欲望も一切読み取ることが出来ず、見知らぬ街の地図のようになってしまうような感覚である。（イシャウッド）

一問一答のような安易な問題解決方法をめぐる情報過多の現代社会に生きる人々は、ザックやアビー同様、パートナーや家族の幸福実現という名目のもと、相手に対するケアテイキング行動をする。その一方で、人々は自身の内面にある罪悪感や怒りといったエゴと向き合うことを避ける傾向にある。ハーツォグは、自己欺瞞の日々を送る夫婦の暮らす狭いアパート内の緊迫した空気に観客らを立ち会わせることにより、自身や相手の痛みの根源にあるものが何であるのかを見つめる機会を見失ってしまいがちな現代人の心の闇を本作品のテーマとして突きつけている。

4. 結論——幸福という強迫観念

アビーはアリヨンに自分たちの結婚式の写真を見せながら、招待客が一五〇人であったことや、噴水と氷の彫刻のある元荘園での盛大なものであったことを語る。そして、彼女の実家ではクリスマスや家族での行事を大事にし過ぎるあまり、楽しみさえ感じられないほどだったと、冗談まじりに語る。

アビー ……うちはね、家族の休日の占めるウエイトがとっても重いの。ほとんど禁欲的って言ってもいいぐらい。何時間も意味ありげにお互い目配せなんかして、とっても疲れるの、ほんと。いや、違うな、言い過ぎたな。わたしは家族とのクリスマスが大好き。(一四—一五)

ここでアビーは、実家での家族関係において、互いの幸福を気遣うあまり、それが強迫観念となっていたという本音を語りながらも、そう思ってしまう自分に罪悪感を抱いているかのように、自分は家族と過ごす時間が好き (love) なのだと語っている。アメリカ人とはこのように生きるべきだという典型的な思考様式において、幸福 (happiness) と愛 (love) は欠かすべからざる常套句となっている。本稿の冒頭で紹介した『ドクター・フィル・ショー』では、問題を抱えた夫婦がドクター・フィルの制止を無視して罵り合う場面がしばしば繰り広げられるが、それほど険悪な仲であるにもかかわらず、「なぜ別れないのか?」という問いに対しては、双方ともに口を揃えて、「愛しているから」(Because I love him / her) と答えるケースが多く見られる。まるで定型文やお題目のように「愛」という言葉が用いられるアメリカならではの現象である。

このことは、次に挙げるアビーとザックの会話においても顕著に見られる。

アビー じゃあ……わたしにどうして欲しいの?
ザック 君がしたいことさ。君がしたいこと。
アビー でも、あなたはここで仕事があるでしょ。
ザック うん。
アビー あなたがすごく愛してる大事な大事な仕事でしょ。わたしが愛してる仕事だし。だから、ふたりとも国を離れてここへ来たんじゃない。

ザック　ああ。
アビー　そう……
ザック　そう、でも、そんなことは、君が幸せでいることに比べたら、大したことじゃないよ。
アビー　あああああ！
ザック　何？
アビー　幸せでいろっていうプレッシャーにはもう耐えられない。わたしは幸せではないの、わかる？　それはわたしのデフォルトじゃないから。だから、それをあなたの人生の目的にしようとしているなら、やめて……
（二一九―二二〇）

アビーは、両親や夫から「幸せであれ」と言われることに過剰なまでの拒否反応を示す一方で、自分が居心地の悪さを感じながらもパリに留まっていることについては、ザックの仕事のためだと言い、自分にとってもその仕事（国境なき医師団）が一番大事だと語る。しかし、作者ハーツォグは、その仕事が架空のものであるという皮肉な設定を施している。そして、本当は医者ではないザックにとってはこのアビーの言葉は苦痛以外の何物でもない。アビーが一番嫌う、幸福の押し付けを彼女自身がザックに対して行っていることに、アビーは気づいていないのである。

お互いに相手の幸せのために、と言うと聞こえは良いが、彼らにとって幸福とは、人生経験を積んで自己実現を果たしたのちに達成される深遠な境地などではなく、日々の憂さを忘れて機嫌の良い状態を保つということに過ぎない。ザックが依存するマリファナやアビーが正体を失ってしまうほど飲む酒と同じで、彼らの言う「幸福」は自分自身や周囲の人を思考停止の中毒状態にする危険な言葉である。現代社会における「幸福」の捉えられ方ついて、グレゴワールは次のように分析している。

アリストテレスは、幸福は美徳ある生き方の副産物であると考えたが、われわれは幸福を「気分が良い」という、より曖昧な指標と結び付けて捉えるようになった。美徳ある生き方を目指すのではなく、苦痛の回避や快楽の追究、個人的な満足や肉体的な快感に幸福があると考えるようになったのである。（グレゴワール）

また、先述のプラグマティックな幸福追求方法を実践したベストセラー書籍『幸福プロジェクト』を参照しつつ、エリザベス・クレイン（Elizabeth Crane）の短編小説について、岡本太助は次のように分析している。

明らかに彼女は、通俗心理学の一種であるポジティブ・サイコロジーの言説に毒されている。それは例えば「いったんポジティブな心を取り入れれば、いつもポジティブなことが起きる」といった言説であり、クリス・ヘッジスによれば、こうした考え方は「現実が恐ろしくて気の滅入るものである場合に、その現実から逃げ出すよう勧める」ものである。この場合もやはり、幸福をめぐるイデオロギーは、現状肯定を促すものとして作用する。（岡本　二四一）

　ハーツォグの処女作『革命の後に』（*After the Revolution*, 2010）では、若き女性活動家エマが、憧れであり尊敬していた共産主義者の祖父の死後、祖父の名前を冠した基金を立ち上げようとするが、実は第二次世界大戦中、祖父がソビエトに情報を流していたことを知り、ショックのあまり家族とも連絡を絶って心を閉ざしてしまう。しかし、さまざまな人との出会いの中で、エマは祖父が生きた時代の世界情勢や、信念を貫くことの意味、正義や民主主義について深く考え学んでいく。『四〇〇〇マイルズ』においても友人の死や恋人との別れ、家族間の心の行き違いに傷ついた二一歳のレオが祖母との暮らしの中で次第に心の平穏を見出していく。このように、他の作品では主人公たちに何らかの成長や癒しをもたらしているハーツォグであるが、『ベルヴィル』においては、ザックにもアビーにも学びや成長は一切与えられず、ザックは恐らく自殺、アビーはアメリカの父に迎えに来てもらって帰国したであろうことが示される幕切れとなっている。

　ただ、最終場での家主夫婦のフランス語による会話の最後には、ほんのわずかではあるが混沌とした現状との和解の兆しが見られる。

アリヨン　ごめん、アミーナ。（彼女は雑巾がけの手を止める）ごめん。
アミーナ　うん、聴こえた。（間）いいわ。最悪な不幸ってほどじゃないし。
アリヨン　（少し笑って）そう？
アミーナ　違うわ。
　彼女は彼に向ってかすかに許しの笑みを浮かべる。
（七一）

ザックとアビー夫婦がいなくなった後の散らかった部屋を掃除しながら、突然、発せられたアリヨンからの謝罪の言葉に対し、アミーナはこれは「最悪な不幸（catastrophe）」ではないと言い、「許しの笑み」を見せるが、アリヨンが何に対して妻に詫び、妻は何について許しているのかは定かではない。可能性としては、アリヨンがアメリカ人に誘われてマリファナを吸ったことや彼に金を貸していたことが挙げられる。あるいは、そもそもアメリカ人夫婦に部屋を貸したことを言っているのかもしれない。いずれにせよ、若いセネガル人夫妻にとっては、ザックとアビーの身に起きたことなど大した問題ではなく、次にやって来る部屋の借り手のために掃除を終えることのほうが喫緊の重要任務である。

この短い場面によって、観客には秩序と平穏という空気感が伝えられるのみならず、主人公であったはずのザックとアビーが単に一時パリに滞在した未熟なアメリカ人に過ぎなかったという、異化効果をもたらすメッセージが伝わる。共依存の関係や双極性障害、マリファナや酒の過剰摂取という現代のアメリカ人が抱える問題について、敢えて突き放すようなコメントをフランス語で言わせることにより、ハーツォグはザックとアビーの個別のドラマをアメリカ人全般の現状として異化した形で提示している。また、ザックとアビーの身に何が起こったのかを敢えて明確には伝えず、サスペンスの余韻を残すことでドラマとしての盛り上がりも見せつつ、これは、特別な夫婦に起きた出来事ではなく、よくあるアメリカ人のドラマだと一般化するような終わり方にすることにより、頼れるコメンテーターやカウンセラーのいない状況で、未熟で無力なアメリカ人はいかにして真の幸福を見出せば良いのかという、大きな問いを観客に投げかけているのである。このようなアメリカ人の不安定な精神状態について、マクマホンは次のように分析している。

宗教に由来するものであれ、啓蒙主義に由来するものであれ、一部の人々は今でも信仰に拠り所を見出している。しかし、トクヴィルが懸念したように、「信仰の光が陰るにつれ」、「人々の視野」はより狭くなっていくであろう。そして、国民らが「遠くの希望にすがって生きる道を失えば、必然的に手近な欲望を即座に満たすほうへと向かう」。したがって、現代人の生活の原動力となっている快楽を手に入れたい焦燥感、快感を求める落ち着きのない状態は、ハクスリーがかつて危惧していたような世界へとわれわれを駆り立てる可能性がある。

（マクマホン　四七五）

出産の苦しみも家族間の厄介な感情のやり取りもない、機械文明に侵食された世界を描いたディストピア小説、『新世界』（*Brave New World*, 1932）の中でオルダス・ハクスリー（Aldous Huxley, 1894-1963）が鳴らした警鐘は、ハーツォグの『ベルヴィル』においてはフランス語での会話によるオープン・エンディングという形で受け継がれている。

自身や他者の痛みを効率よく取り除く方法論ではなく、その痛みの根源と対峙して人間の在り様を分析するという、文学や演劇が担ってきた役割をハーツォグは強く意識して劇作を行っている。リアリティー・ショーのような問題解決方法に関する情報に囲まれた現代アメリカ社会において、対極の立場から人間の状況を捉える演劇の果たす役割は大きい。若手女性劇作家ハーツォグの活躍は、今後彼女がオニール、ウィリアムズ、ミラーといったアメリカ演劇の系譜を受け継いでいくことを期待させる。

註

1　ドクター・フィル・ショー　臨床心理学者フィル・マッグロー（Phill McGraw 1950-）が、二〇〇二年九月から開始した番組。番組公式HPでは、「フィル博士がテレビ史上初めて、メンタルヘルスについて最も分かり易いフォーラムを提供している」と紹介されている。

2　ジャッジ・ジュディ　ジュディ・シェインドリン（Judith Susan Sheindlin 1942-）判事、弁護士が、一九九六年九月から開始した法廷番組。二五シーズンの放映により最長法廷番組として、二〇一五年にギネス記録が認定されている。二〇二一年からはスピンオフ番組として「ジュディ・ジャスティス」が放映開始されている。

3　Caught in Providence　ロードアイランド州プロヴィデンスの地方裁判所主席判事フランク・カプリオ（Frank Caprio 1936-）が、主に交通違反に関する裁判を行う番組。違反をした人に対し温情ある判決を下すのが見どころとなっている。

4　*Gone Girl*（二〇一四年公開　監督 David Fincher）Gillian Flyn（1971-）作の小説の映画化。

5　*The Girl on the Train*（二〇一六年公開　監督 Tate Taylor）Paula Hawkins（1972-）作の小説の映画化。*Gone Girl* 同様女性作家であり、両作品とも夫婦の問題を扱ったスリラー映画である。

引用文献

Gregoire, Carolyn. "How Happiness Became a Cultural Obsession", *Huffington Post*, April 8, 2014.

Hemmingway, Ernest. *In Our Time.* Paris: Three Mountain Press, 1924.

Hemmingway's Short Stories, Summary and Analysis Indian Camp. https://www.cliffsnotes.com/literature/h/hemingways-short-stories/summary-and-analysis/indian-camp. Accessed 24 September. 2024.

Herzog, Amy. *Belleville.* Nick Hern Books, 2014.

Huxley, Aldous. *Brave New World.* Harper & Brothers, 1927.

Isherwood, Charles. "Everything's Fine, Until It Isn't", *New York Times Theatre Review,* March 3, 2013.

Lenker, Maureen Lee. "*Belleville* is a shocking thrill ride that will leave you breathless", *Entertainment Weekly Review,* April 23, 2018.

McMahon, Darrin M. *Happiness.* Atlantic Monthly Press, 2006.

9 Warning Signs of a Codependent Relationship. Addiction, Health & Wellness, Recovery, Therapy, May 25, 2021, https://www.fortbehavioral.com/addiction-recovery-blog/9-warning-signs-of-a-codependent-relationship/. Accessed 24 September. 2024.

Rubin, Gretchen. *The Happiness Project: Or, Why I Spent a Year Trying to Sing in the Morning, Clean My Closets, Fight Right, Read Aristotle, and Generally Have More Fun.* Harper Collins Publishers, 2009.

岡本太助「リアリティＴＶ時代の幸福」貴志雅之編『アメリカ文学における幸福の追求とその行方』金星堂、二〇一八年。二三一―二五一頁。

傷跡はそのままに
——異質な繋がりを生むヒューディーズのドラマツルギー

森　瑞樹

はじめに——傷・傷跡としてのラティーノ

米墨国境に存在していた分離壁の強化。ドナルド・トランプ第四五代アメリカ合衆国大統領が掲げた所謂「トランプの壁（Trump wall）」公約は、人権団体等はもちろんのこと、多岐にわたって激しい議論を巻き起こした。そして、不法移民取締を謳いながら米墨を物理的に分断していた壁は、アメリカ国内に以前から燻っていた心理的な壁をも顕在化させる結果となる。ここからは、アメリカがラテンアメリカを他者として認識していること、言い換えるならば、比喩的な意味においてアメリカがラテンアメリカを傷や傷跡として捉えていることが顕になる。

例えば私たちの社会において、かねてより傷や傷跡を消し去りたいという欲求は自然なものとして受け入れられてきた。そもそも傷や傷跡という言葉は、異質なそれを取り囲む正常で均質な皮膚組織の存在があってこそ意味を成す。そして傷を治す／傷跡を消すという行為は正常な組織へとそれらを均質化してゆくことである。そしてここからは、フランク・シーバーガー（Frank Seeburger）が述べるように「迫り来る死のトラウマ」を呼び覚ますものであると同時に、共同体へ参画するための異質ではない「私たちであること（we-ness）」を脅かすものとして（シーバーガ一　三一）、傷や傷跡が忌避されてきたという文化的背景が透けて見える。この文脈において、アメリカとラテンアメリカの関係は、正常な皮膚組織と傷や傷跡との関係に比喩的に置き換えることが可能となる。

トランプの公約以降、異質な他者としてのラティーノ[1]や彼らが置かれる立場に向けられる眼差しは、より政治色を色濃く帯びはじめている。芸術界においてもそれは例外ではなく、例えば、建国の父たちをラテン系の俳優陣が演じる、リン＝マニュエル・ミランダ（Lin-Manuel Miranda）の『ハミルトン』（*Hamilton: An American Musical*, 2015）の歴史的ヒットもこれと無関係ではないだろう。しかし、ラティーノの文学は、これまで特殊な状況に置かれてきた。言い換えるならば、「正常なアメリカ」に均質化できない存在として、ラティーノの文学は存在してきたのである。例えば、アール・ショリス（Earl Shorris）はラテンアメリカの地理的状況とラティーノの文化的状況に触れ、次のように続ける。

> もはやラティーノの芸術がどちらか一方に歩みを進めることはできない。すなわち、これまでの移民たちの文化とは異なり、祖国と新たな定住地との狭間で、悠遠で矛盾に溢れた時をただ過ごしてゆくのである。そして、ふたつの文化の混ざり合いを意味するポチョではなく、此処でも彼処でもない文化——ラティーノ——として存在してゆくことだろう。（ショリス　三八四）

だからこそと言うべきか、ガブリエラ・バエザ・ベンチュラ等（Gabriela Baeza Ventura et al.）の言葉を借りるとすれば、これまで「ラテン系アメリカ人が生み出してきたアメリカ文学と歴史の素晴らしいタペストリーにほとんどのアメリカ人が気づかないままでいた」（ベンチュラ他三四）。しかし、このような状況をまえにして、研究者はただ傍観していたのではない。ヒューストン大学の研究者が中心となり立ち上げた通称リカバリー・プロジェクト（Recovering the US Hispanic Literary Heritage）は、これまで目を向けられることのなかったラティーノの声を蒐集、編纂しその成果を発信することを目的としている。これはまさに、「アメリカ文学」というある意味で恣意的で閉じられた「正常な」素地のなかに、ラティーノ文学という民族的撚り糸を織り込み、その見取り図を修正し、更新してゆく文化的行為である。そして、ラウル・A・ラモス（Raúl A. Ramos）が論じるように、それは「ラテン系アイデンティティの過去の結び目への手がかりとそこへの繋がりを与えてくれ」（ラモス　二八）、多数派の社会のなかで消えゆくマイノリティ民族のアイデンティティを浮かび上がらせ、確立してゆく契機ともなる。

一方、ラティーノ作家も、その民族的アイデンティティと「アメリカ」との繋がりに目を向けはじめている。例えば、劇作家キアラ・アレグリア・ヒューディーズ（Quiara Alegría Hudes）は、「アイデンティティ・ポリティクスという点において、アメリカが面白い局面に置かれている」（マイヤーズ［Myers］）ことに言及している。ただ興味深いことに、ヒューディーズは「人々がアイデンティティ・ポリティクスと考えているものと正反対の方法でそれが展開されている」（マイヤーズ）と捉えている。「多様性」という言葉が使用される際に、言外に含まれる「多様性の不在」という矛盾に意識的でいること（フィンク［Fink］）、つまり多様性を追求する過程で生じる一般化による異質性の剥奪という矛盾に目を向けていることが、そのような思考に至る一因でもあるのだろう。

ところで、昨今の欧米においては、セレブリティが傷や傷跡を隠さずに公の前に立つことも珍しくなくなり、またそれが肯定的に受け止められてもいる。それは傷や傷跡を自分らしさの証として内在化し、同時にその異質性を保った自己そのものを開示する行為に他ならない。このパフォーマティブな行為は、ラティーノ（プエルトリコ系）の劇作家であるヒューディーズの劇作理念とも重なり合う。以降で論じてゆくことになるのだが、ヒューディーズはその作品において、アメリカという社会における異質なものとして、ラティーノ及びそのコミュニティを浮かび上がらせてゆくからだ。そこで本稿では、リン＝マニュエル・ミランダとの共作である『イン・ザ・ハイツ』（*In the Heights*, 2005）にも目を向けつつ、主にエリオット三部作[2]を扱い、ラティーノをアメリカ社会に刻まれた異質な傷や傷跡として提示しようとするヒューディーズのドラマツルギーを検討してゆく。その過程において、それらの傷や傷跡を取り巻く「正常な」皮膚組織としての「アメリカ」の姿を浮き彫りとし、これまで不可視のものであったラティーノの歴史及び文学を、異質性を伴ったまま、その「アメリカ」に位置付けようとするヒューディーズの試みが明らかになるだろう。

一　傷や傷跡を露わにするトランスエスニックなきっかけ

ユダヤ人の父親とプエルトリコ人の母とのあいだに、ウエスト・フィラデルフィアで生を受けたヒューディーズは、誕生の時点から多言語が飛び交う環境で育った。そして彼女は幼稚園でとある衝撃を受ける。それは、英語話者の保育士が彼女の名前を発音できず、さらにはアレグリア（Alegría）がスペイン語で「幸福」を意味することを理解しない園児たちにからかわれたというものだ。当時を振り返り、ヒューディーズはこのようなモノリンガルな環境を「不気味でゾンビ的なほど完全」（『壊れた言葉』［*My Broken Language: A Memoir,* 2021］二三）と形容している。

その後、幼少期の両親の離婚とともに母親に引き取られ、まさに多様な、しかしながら閉じられたラテン系コミュニティのなかで彼女は成長してゆくことになる。そして、彼女は進学ごとに文化的疎外感をその身を持って感じてゆく。例えば、大学入学時、表立った差別は決して受けなかったものの、貧しいコミュニティで育ってきた背景から、豊かな環境に心地悪さを覚え、そしてそれは時と共に明確になってゆく。

「いろんなことがありましたし、白人の場所、お金持ちの場所、権力が蠢く場所にいることも苦ではなくなってきています」と彼女［ヒューディーズ］は言う。『共に卓を囲みたい』という考えがありますよね。でも、それには少し違和感を覚えるんです。当然なんですけど、そのテーブルが問題というか。囲む人の問題だけではなくって、テーブル自体が問題。自分のテーブルを作りたいってずっと思ってるんです。」

（カーソン［Carson］）

このように、比喩的な表現ではあるものの、多様性が孕む矛盾により意識を向けるようになっていったヒューディーズは「闖入者でもあり中核をなす市民でもある」（『壊れた言葉』五八）自身の異質さを肯定しはじめる。

同様に、アメリカ国内のメディアが発信するラティーノのイメージは、ヒューディーズにとっては見知らぬ世界のように映り、違和感を覚えるものであった。それはいわゆる正常なアメリカの視点から捉えられ、語られるラティーノの姿に他ならないのだが、彼女によると、それらは「矮小化され脱人間化された」（カーソン）クリシェでしかなかった。つまり彼女が生きていたラテン系コミュニティの現実とは随分と異なるものであり、彼女にとっては馴染みのある甲斐甲斐しく強かに生きる女性たちがそこで描かれることはなかった（カーソン）。そして彼女は多様性を謳いながらも閥族的である知識人の矛盾を憂いながら、女性やラティーノといった、これまで語られてこなかった者たちの姿を描いてゆくことが急務だと感じている（フィンク）。

しかしながら、劇作をはじめた当初は、彼女自身も真のラティーノの姿を描き出す術を持ち合わせてはいなかった。すなわち、正しい英語という均質化された言語で執筆しなければならないという観念がヒューディーズには取り憑いていたのである。しかしその後、師であるポーラ・ヴォーゲル（Paula Vogel）の「完璧を目指した言葉なんてまやかし」という助言により、その奇妙なモノリンガルな環境へのオブセッションは払拭されたと彼女は回顧している（『壊れた言葉』二七三）。自伝『壊れた言葉』のタイトルそのものが明らかにするように、ヒューディーズは壊れた（傷ものの）言葉でなければ真のラティーノの物語を描くことは能わないことに気づきはじめた。同時に彼女は、嘘偽りのないものとなることを自身の文学にも求めて、自身の体験と親類への詳細なインタビューから得たものを作品に落とし込んでもいる。

ヒューディーズの師ポーラ・ヴォーゲルが見せる多彩な劇的形式のなかにおいても、観客の認識をずらし異化してゆく過程はとりわけ議論の的となっている。そして、ジョアンナ・マンスブリッジ（Joanna Mansbridge）が論じるように、この劇的形式を際立たせるために、ヴォーゲルは「並置関係を巧みに操り、観客は当たり前の場面を珍妙な仕方で見ることとなる」（マンスブリッジ　七）。この並置関係からヒューディーズを捉えようとすると、そこにはトランスエスニックな作家の姿が立ち現れる。

かつてデイヴィッド・ホリンガー（David Holinger）は、多元文化主義を超えるものとしてポストエスニックという概念を生み出した。しかし、「ポスト」という接頭辞が不可避的に含意する均質化に疑問を覚えたベゴーニャ・シマル・ゴンザレス（Begoña Simal González）は、民族的・人種的越境のうちにエスニシティを残しつつ、それ自体を問題化するものとしてトランスエスニックという概念を提唱する（ゴンザレス　三四―三五）。言うなれば、トランスエスニックとは異質な自己とそれを投影するスクリーンとしての他者を並置し、それらを比較することで両者の輪郭を顕にするアプローチなのである。

傷や傷跡であるラテン系のアイデンティティを保持しつつ、正常な「アメリカ」との関係からそのラティーノのアイデンティティが問われる。同様にラティーノとの関係から「アメリカ」のアイデンティティも問われることになる。これ以降、ヒューディーズ作品が「アメリカ」に影響を与え、異化してゆく過程の分析を通して、トランスエスニックという概念を批判的に検討してゆく。

二　『ウェスト・サイド物語』の「ラテン系アメリカ人」

そもそもヒューディーズの言う女性が排除されたラティーノのネガティブなイメージとは、ギャング、暴力、犯罪などに代表されるものである。ラテンアメリカ研究者である牛島万によれば、これらは「一九四〇年代後半から五〇年代にかけて、カリフォルニアのメキシコ系、ニューヨークのプエルトリコ系の人口増加が米国の政治的、社会的問題となっていた」（牛島　四四）状況から生まれたものであり、ラティーノに対するアメリカの眼差し、つまりはアメリカの「私たちであること（we-ness）」を脅かす傷や傷跡として彼らを捉えていたことを如実に映し出している。同様に、第二次世界大戦以降、アメリカ政府が対中南米政策を軽視したことも、ラティーノへの偏見と差別を助長し、このネガティブなイメージを強化していった（牛島　四四）。

そして、「特に既存の人種的構造とステレオタイプといったことに関して、ニューヨークのプエルトリコ人の出現を如何様に捉えるのか、アメリカの文化的エリート層が手探りしていた」（ヘレラ［Herrera］一〇二）頃に、『ウェスト・サイド物語』（*West Side Story*, 1957）の幕が開ける。ラティーノの俳優が使われなかった『ウェスト・サイド物語』では、音楽やダンスも含めたプエルトリコの文化は実際のものから幾重にも歪められ、それらが所謂「ラティーノ」のイメージを形成した（ルア［Rua］六〇）。まさにそれが加虐的で男性性を強調したギャング的「ラティーノ」のステレオタイプである（リッチー［Ritche］六八）。

ところで、ブロードウェイは「不夜城（the Great White Way）」と形容されることもある。ウォーレン・ホフマン（Warren Hoffman）はこの言葉をアイロニカルに捉え、白人主導のブロードウェイがいかに人種イメージを歪めてきたのかを問題視し、次のように続ける。

> 法的な意味においても、また社会通念上でも、立法、司法、行政の三権と文化的テクストとが組み合わさり、人種は規定される。すなわちこれが、一般市民が人種を理解し認識する仕方である。

しかし、白人らしさは標準的なものとして構造化される一方で、当の白人自身は他者の人種的パフォーマンスを改ざんし、操ってきた。一九世紀のアメリカで見られたブラックフェイスを考えれば、それは明らかだろう。
（ホフマン　一二）

その表象に悪意が込められているか否かはまた別の問題として、これまで常に、ラティーノは白人により外部から語られ、その民族性を付与され、アメリカに組み込まれてきた。言うなれば、文学作品の執筆・作成のプロセスにおいて語ることのできる対象としてラティーノを馴致することで、実際にアメリカが扱いきれない傷や傷跡としてのラティーノの姿を覆い隠していったのである。

　ヒューディーズは、まさにこのようなラティーノの恣意的な表象の只中に自身の文学を投じ、並置関係を前景化することで、それらのコントラストを際立たせてゆく。これは傷や傷跡としてラティーノの姿を露出させ、それをもって「アメリカ」を修正し、更新してゆくことに他ならない。もちろんその過程で、ヒューディーズ自身が語るラティーノも問題化され、そのアイデンティティが問われることになるだろう。言い換えるならば「ラティーノ」というひとつのまとまりが個別化されてゆく可能性もある。次節からは、個別の作品のシアトリカルな側面に注目し、その存在が認められることのなかったラティーノやその文学を「ありのまま」に浮き上がらせ、「アメリカ」との関係性のなかに位置付けるヒューディーズの演劇戦略をより明確にしてゆく。

三　『イン・ザ・ハイツ』——見えないもつれた結び目

　ここから、『イン・ザ・ハイツ』のシアトリカリティに着目し、ヒューディーズのラテン系アメリカ人の表象戦略を検証してゆく。『イン・ザ・ハイツ』は、マンハッタンの一角にあるワシントン・ハイツというラティーノ・コミュニティを舞台とする。そしてそこには『ウェスト・サイド物語』でのような、ネガティブな作られたラティーノの姿は登場しない。また、この作品は、リン＝マニュエル・ミランダとの共作であり、彼女はブック、つまりストーリー展開を担当した。だが、登場人物のひとりにヒューディーズ自身の生い立ちを投影するなど、彼女の思想も十二分に反映されている。もちろん、ミランダ自身も「これまでの舞台上でのラティーノ表象には違和感を覚えていました。だから、ラティーノに囲まれて育った僕の経験を正直に描きたかったんです」（カーソン）と述べているように、ふたりのラティーノ表象に対する問題意識は共鳴している。

ヒューディーズは「言語とその使い方は我々が何者であるのかを如実に表す政治的なもの」（カーソン）であると捉えている。例えば、スペイン語やその言い回しを英語に移し替えたスパングリッシュという独特の言語が本作のひとつの特徴となっている。そしてこれは、ブロードウェイのモノリンガルな状況を逆手に取り、観客の理解をはぐらかすシアトリカルな戦略に他ならない。ヒューディーズ自身の言葉を借りるならば、「観客は言語コードが切り替わる台詞に対峙して、言葉が持つ本当の文脈や意味を理解しようと懸命になる」（カーソン）からだ。まさに観客は、舞台上で展開している物語が自分たちのものとは異なる世界の出来事であることを実感する。その未知の物語は、観客それぞれの民族的自意識や帰属感を更新し、同時に観客が自身を内省してゆく契機となる。

ただそれ以上に重要なことは、ヒューディーズが『イン・ザ・ハイツ』で更新を試みるラティーノたちの繋がりとはどのようなものかということである。それを探るためにまず、クラウディアに着目したい。彼女は、幼少期に渡米してきた、ラテン系移民の第一世代であり、ワシントン・ハイツのコミュニティそのものを表象する人物として描かれる。実際彼女は、血の繋がりや世代を超えて、コミュニティのアブエラ＝祖母となっており、彼女の物語を共有することで、ひとつのコミュニティが形成されている。言わば、彼女の体験と記憶はワシントン・ハイツのラテン系アメリカ人のアイデンティティを形作る外枠として機能している。

しかし、このような外枠も劇中のふたつの出来事により、機能不全に陥ってしまう。ひとつは一幕最終場でワシントン・ハイツを襲う停電である。大混乱したこの場面で歌われる楽曲「停電」（'blackout'）にある「パワーレス（powerless）」（『イン・ザ・ハイツ』八九）という言葉は、字義通りに電力の供給を絶たれたことを意味するのみならず、暗闇で繋がりを見失ったコミュニティの無力感をも表している。そして、この場面でのシアトリカリティは注目に値する。ここでは、ラテン系音楽やヒップホップも含め、多様なジャンルの音楽が対位法的に重なり合い、完成された楽曲というひとつのフレームを見事に構成する。ただ、そうであるがゆえに、台本上の文字情報では判別がつくそれぞれの歌詞は渾然一体となり、その全てを聞き取ることは不可能となる。そしてこれは、『イン・ザ・ハイツ』の登場人物たちの姿を如実に表すものとなっている。そもそもこの作品の登場人物たちは、それぞれ異なる価値観で生きている。例えば、ワシントン・ハイツを故郷だと感じる者、未だプエルトリコを故郷だと感じる者、外の社会「アメリカ」を目指す者、「アメリカ」に打ちひしがれ出戻った者。このように、この一幕のクライマックスでは、ひとつにまとまり繋がっていたはずのものの個別性や孤立性が逆説的に浮き彫りとなってゆく。

さらに停電が続く最中、クラウディアはその生涯の幕を閉じる。彼女の最後の言葉は「自分自身の拠り所を見つけなさい」（一〇七）というものだった。この言葉は、自身が表象していたラティーノのアイデンティティを脱フレーム化する。すなわち、ワシントン・ハイツの住人は、彼らを庇護すると同時に彼らが何者であるかを規定してもいたものから解き放たれるのである。ヒューディーズは自身が育った環境を次のように表現している。

「なぜ自分が育ったプエルトリコ系の家族を大事にするのかというと、いつもそこには連帯があったからなんです。言うなれば絡まった糸なんですけどね」と彼女「ヒューディーズ」は言う。「一緒にもがいて、苦しんで、でも一緒に楽しんで。だからこそ物語に登場させたんです。『イン・ザ・ハイツ』では、コミュニティこそが主人公なのと言いたいんですよね」と彼女は振り返る。「そこで紡がれる糸の絡まり具合が見どころです。」（カーソン）

彼女が比喩的に表す「絡まった糸」は、ダイアナ・テイラー（Diana Taylor）が「緩くまとまりのない関係」（テイラー　二七五）と呼ぶものと似た概念である。つまり「まとまりのない様式は、それ自体をモノローグではなく、さまざまな声の不協和音として提示する」（テイラー　二七六）のであり、それゆえ、ヒューディーズが『イン・ザ・ハイツ』で展開させる「一元的な解釈を複雑化する」（テイラー　二七六）まとまりのない関係は、アメリカとラティーノの関係、さらにはラテン系コミュニティ内部の個人個人のアイデンティティのあり方を問いはじめる。

四　『エリオット――兵士のフーガ』――「アメリカ」への再定位

『イン・ザ・ハイツ』において脱フレーム化され、結果としてその個別性が顕在化することになった且つその個別性を顕在化されたラテン系コミュニティの姿ではあるものの、本作はワシントン・ハイツこそが、その住民にとってのホームであるかのような大団円で幕を閉じる。つまり、ミランダとの共作であること、またブロードウェイが世界屈指のエンターテインメントの場であることを考慮しても、このような単声的なエンディングには疑問を持たざるを得ない。ヒューディーズ自身もそう感じたのか、この疑問に答えるかのような作品をのちに彼女は生み出すこととなる。ここでは、ひとまとまりの「ラティーノ」のなかに存在する個々人という自己のアイデンティティながら、「アメリカ」という正常な素地のなかに自身を再定位してゆく過程を、同様にシアトリカリティの観点から『エリオット――兵士のフーガ』(*Elliot, A Soldier's Fugue*, 2006)に求めてみたい。

『エリオット』は実験的な短編演劇でありながらもピューリッツァー賞にノミネートされるなど、ある意味で異端な作品である。そしてこの作品が実験演劇とされる所以は、イエール大学で音楽を専攻し、その理論にも精通しているヒューディーズらしく、フーガの技法を劇的構造に応用したところにある。つまり、朝鮮戦争に出征した祖父、ベトナム戦争に出征した父、同様にベトナム戦争に看護師として従軍した母、そしてイラク戦争に出征した主人公エリオットそれぞれ個別の独白による戦争体験が多声的に重なり合い、物語が展開してゆく。そしてこれは、ヨーロッパの影響を取り込みラテン系の語りの形式を拡張するものであると同時に、アン・ガルシア=ロメロ(Anne García-Romero)が指摘するように、登場人物の特殊なアイデンティティを保ちながら、多様な声が反響し合う劇的空間を創造する(ガルシア=ロメロ　一六三)。言うなれば、演劇におけるフーガの応用はトランスエスニックなシアトリカリティを生み出す装置となっているのである。そしてそこでは、まさにフーガにおける主唱/対唱/応唱のように、祖父、父、エリオットの同じ流れを持った語りが重なり合い、それと同時に互いの差異も明確化してゆく。

祖父と父は、韓国とベトナムというそれぞれの国に身を置くことでトラウマを抱え、疎外感を覚えるようになった。イラクに出征したエリオットも同様で、ナタリー・アゴーロ（Natalie Aghoro）によると、「エリオットは、イラクでの兵士としての戦争経験という現実から奪われた社会におけるホームの感覚を探し求めている」（アゴーロ 一）。例えば、フィリップ・グリーソン（Philip Gleason）は第二次世界大戦が「皆アメリカ人（Americans All）」という、あらゆる人種、宗教、移民であればその祖国の文化的背景の垣根を超えたひとつのアメリカ人というアメリカ的アイデンティティを創出するきっかけとなったことを論じている（グリーソン 四八三―八五）。しかしながら、その裏を返せば、戦争によるアメリカ的アイデンティティへの収斂は個別性の剥奪と均質化を伴うものでもある。エリオットを襲うホーム喪失の感覚はこれに起因するものだ。ここで次に引用するト書きに目を向けたい。

『フーガ』の場面では、登場人物が互いの動き、時には自分自身の動きを解説する。例えば――

エリオット　青年がやってくる。
（エリオットが登場。）
祖父　除菌消臭済み。
彼の鼻先と唇から水滴が落ちる。
凍えるシャワーだった。
（エリオットが震える。）

エリオットの動きはナレーターである祖父が言ったことを反映する。必要に応じてナレーターは出入りする。

（『エリオット』五）

このように、『エリオット』では、登場人物の語りが、いわばメタシアトリカルに異なる時空にいるキャラクターの行動を規定してしまう。祖父と父ともに、エリオットにその戦争体験を語ることはなかった。しかしながら、エリオットの行く末を規定してしまうのは、まさにそれに先立つふたりの戦争体験によるメタシアトリカルな語りに他ならない。「皆アメリカ人」というアイデンティティを強化してゆく繰り返される戦争という事象に関わるが故に、プエルトリコ系のエリオットはホームとしての「アメリカ」を意識するとともに、だからこそそこに不可避的に再定位されてゆく。そして、物語が終盤に差し掛かる際、エリオットは祖父と両親によって有刺鉄線で巻かれ、もはや自由に身動きを取ることはできなくなる。自分自身だけでなく、アメリカの「私たちであること（we-ness）」を目に見える形で傷つける両義的な異質性をエリオットは舞台上で付与されることとなる。クリストファー・ビグズビー（Christopher Bigsby）の言葉を借りるならば「外部でありながら内部でもある」（ビグズビー　七七）という矛盾を抱えたラティーノにとって、「アメリカ」に組み込まれることは、その本人が傷を負い、また他者に傷を与えるものとなる。そしてそこでは、ラティーノの共同体内部で自身のアイデンティティを問い、更新してゆくことも同時に求められている。

五　『ひと匙の水』――広がりゆく繋がり

ここまで、キアラ・アレグリア・ヒューディーズの、主にシアトリカリティに着目し、トランスエスニックな繋がりが描き出すものを検証してきた。次に、『ひと匙の水』（*Water by the Spoonful*, 2011）に目を向け、ヒューディーズのトランスエスニックな眼差しの広がりに光を当ててみたい。

『ひと匙の水』は『エリオット』の続編にあたる作品である。『エリオット』では登場人物の記憶のなかにしか存在しなかった異国と異民族だが、本作ではまさに物語を駆動させるための要素として登場する。そして、この作品における他者との繋がりはインターネットを介したものとなる。例えば、エリオットの実母にあたるプエルトリコ人のオデッサは俳句ママというハンドルネームで俳句サイトを運営している。

この作品において興味深い点は、インターネットでの繋がりとエリオットとイラク兵の亡霊との繋がりが併置されているということである。現実世界の法則が通用しない幽冥からエリオットに関与してくるこの亡霊は、意味不明なアラビア語を繰り返す。もちろん、エリオットにその意味が伝わることはない。そして、このような併置により前景化されるものは、インターネットの繋がりの間主観的な虚構としての側面である。実際、俳句サイトのチャットの常連であるオランウータン（サイト上のハンドルネーム）が、アメリカ人ではなく、サカイ・ヨシコという日本人女性であったことは他のメンバーを驚愕させるものであった。それぞれのオンライン上でのペルソナの虚構性もさることながら、オデッサらが自身の想像や思い込みのままに、つまりインターネットを介した小さなコミュニティに「アメリカ」とは異なるエスニシティをバックグラウンドに持つ人物がいる可能性を排除していたという事実が浮き彫りとなる。

しかし、この作品は『エリオット』でのように「アメリカ」の残酷なまでの求心力を詳らかにするだけではない。例えば、チャットメンバーのひとりであった男性はサカイに会うために、インターネットの世界を飛び出し現実の日本へと向かう。他者の世界に身を置くことで自身を省みると同時に更新してゆくという以上に、彼は、デイヴィッド・ルイス=ブラウン（David Luis-Brown）の言葉を借りれば「遠心的な方法論（centrifugal methodologies）」（ルイス=ブラウン　四二）で「アメリカ」中心の認識システムを地政学的に徐々に脱中心化し、更新してゆくのである。そしてこれは、次のアゴーロの主張にも繋がるだろう。

見定められることもなければ、視界に入ることもないという恐怖心に縫い込む間主観的な糸を強調することによって、そしてその過程において逆説的に生じる疎外の力学を露出させることによって、『エリオット三部作』は、人の繋がりというネットワークのなかにおいて、孤立した悲劇的な主体を再定位する。

（アゴーロ　一二）

ここで論じられているのは悲壮でありながら楽観的でもある人の繋がりだが、ことヒューディーズにいたってはそう安直ではないだろう。それは『ひと匙の水』での俳句サロンが、薬物依存者のサポートのために開設されたものであることからも明らかである。現実を生きられない傷を負った者たちが現実に出てゆくためのリハビリ目的でこのサイトは運営されている。しかしながら、当の管理人オデッサは辛い現実に耐えかね、再び薬物に手を染めてしまう。他者が現実へ戻るための支援をおこないながら、自身が現実逃避をしてしまう。オデッサのこの二面性をいかに解釈すべきなのだろうか。これはある意味で、ラティーノ、またその文化の現状のアレゴリーと捉えることもできるだろう。言わば、トランスエスニックな状況において、「アメリカ」の傷や傷跡としてようやく姿を現しはじめたラテン系アメリカ人は、まさに新たに語られるためのリハビリ期間にある。エスニシティや文化の面ではアメリカの外部として語られ、物理的にはアメリカの内部に位置付けられるというラティーノの特殊な状況。自身がアメリカにとっての傷として他者化されるのみならず、それを取り囲む「正常なアメリカ」も巻き込み傷を負わせてしまう状況。そして、そうあることでしか自らを語ることができないラティーノとその文学。この先、それがどのような未来に進むのか、理想論だけではない冷静な眼差しの必要性をヒューディーズ作品は教えてくれる。

おわりに――傷跡はそのままに

エリオット三部作は『おしまいに至福の一曲を』(*The Happiest Song Plays Last*, 2013) で完結する。そしてこの作品では、ヒューディーズがその作品で描き出す傷や傷跡というテーマがさらに発展させられ、まさにこれからのラティーノが置かれるであろう状況の黙示録となる。その『おしまいに至福の一曲を』は、中東のヨルダンで主役として戦争映画の撮影に臨んでいるエリオットの物語とフィラデルフィアで音楽教師として地域住民の生活にも心を配る従姉妹のヤズの物語のふたつの軸で展開してゆく。

ここでの興味深い点は、やはりエリオットが異国の地ヨルダンで戦争映画を撮影しているという、ある意味であからさまにメタシアトリカルな設定である。撮影中、戦闘の場面を演じていたエリオットに、イラク派兵時に気づかずに民間人(この人物が『ひと匙の水』に登場する亡霊)を射殺してしまった記憶がフラッシュバックし、彼は心的外傷後ストレス障害(PTSD)に苛まれることになる。ここは、フィクションにより突きつけられる残酷な現実が如実に表された場面でもあるのだが、それ以上に、他者を傷つけるトランスエスニカルな主体の末路が描かれていると捉えることもできる。先述のように、トランスエスニシティとは他者と自己との並置し、自己と他者を問い続けながら変化に至るプロセスである。しかしこの場面が描き出すのは、エリオットのトランスエスニシティの失敗、もしくは機能不全に他ならない。すなわちエリオットは『ひと匙の水』でそうなったように、傷を与える側として変貌してゆく自己を受け入れることができていなかったのである。

このようなエリオットを少しずつ快方に向かわせるものが、射殺してしまった男性が持っていたパスポートである。エリオットはこのパスポートを戦争後もずっと捨てきれないでいた。それは、『ひと匙の水』で亡霊が呟き続ける意味不明な言葉(アラビア語で「パスポートはどこ?」という意味)が、まさに自己認識を無条件に促してくる亡霊の存在を生み出す源泉となっていたからである。心的外傷後ストレス障害に襲われたのち、エリオットはそのパスポートを持ち主の家族のもとに届けるよう、知人に依頼する。そして、その結果は次の引用に表される[3]。

アリ　親愛なるエリオットへ

手紙で申し訳ない。あの約束の件で。とりあえず、バグダッドにいるバスケ仲間にあのパスポートを送った。で、わざわざ宛先まで行ってくれたらしい。そしたらピンクのヒジャブを纏った女性が出てきて、［中略］主人はアメリカ兵に頭を打たれて死にました、って言われたそうだ。アメリカ兵が旦那の遺体に唾を吐きかけて、パスポートを奪っていった、って。［中略］

俺も兵士だったら命令には従う。どうしようもないのはよくわかる。銃を撃てって命令されるのが兵士だしな。だから亡霊を見るようになるし、取り憑かれもする。そして、その亡霊は誰も肩代わりできない。お前のものだ。だから送り返すことにするよ。

（『おしまいに至福の一曲を』八五）

ここにあるように、エリオットはやはりひとまとまりの「アメリカ人」であること、つまり「皆アメリカ人」（グリーソン　四八三）というひとつのアイデンティティに収斂させてゆく求心力を改めて認識させられる。最終的にエリオットは、一族が大切にしてきた庭にそのパスポートを埋めたのち、自身を傷つけ、その血をその場に流す。ビグズビーは『おしまいに至福の一曲を』のこの最終場面を現在と過去（自身と亡霊）の折り合いの場面として捉えている。

友愛が広がりながら、折り合いをつけるかたちで三部作は終わりを迎える。エリオットは他者を見定めてゆくなかで、自分自身をも見定めてゆく。コミュニティーは抵抗のためではなく、常にそれ自体のあり方を自問する文化のなかにおいて、アイデンティティを維持するためのものとして立ち現れる。

（ビグズビー　九六）

アメリカにおける傷や傷跡そのものでもあり、他者を脅かす存在でもあるラティーノ。そしてその責任。それらを全て受け入れた先に、ここでビグズビーが論じるように、他者を見定めることで己を見定め、抵抗のためではなく、常に変わりゆく文化のなかでラティーノのアイデンティティを維持してゆくことが可能となるのだろう。

ここまで、ラティーノの存在を「アメリカ」との関係で捉え直してゆくヒューディーズの演劇的戦略を見てきた。従来、ラティーノは「アメリカ」にとっては傷や傷跡=異質な他者であり、同時にその「正常なアメリカ」に均質化されてゆくだけであった。かといって、『ウェスト・サイド物語』のような仕方であれば、真のラティーノの姿は描き出すことは能わない。だからこそ、ヒューディーズは、異質な他者のままでラティーノを舞台上に登場させる。それらは、観客にとっては異質で理解することのできない他者の姿に他ならない。語ることもできないが確かにそこに存在しているという奇妙さゆえに、観客自身も否応なくそれらとの対峙を求められる。つまり、自己と他者を並置しながら、その関係性のなかで常にその自己と他者を問い続け、更新し続けてゆかなければならない。ひとつのエスニシティとそのアイデンティティの在り方のみを問うのではなく、その他との関係性においてそれらを表出させ定位させてゆく。傷跡はそのままに。これこそが師ポーラ・ヴォーゲルの異化をトランスエスニックに発展させたヒューディーズの演劇戦略なのである。

　最初に述べたように、ラティーノとその文学がアメリカ社会において如何なる存在となりうるのかは、今はわからない。そのようななかで、ヒューディーズ演劇が今後のラティーノ、さらにはアメリカ社会の行末の道標となることを期待したい。

註

1　ラテン系アメリカ人の呼称は、状況に応じてバリエーションがある。例えば、スペイン系であればヒスパニック、ラテン系の女性であればラティーナとなる。本稿においては、引用文を除き、ラテン系アメリカ人をラティーノとして表記する。

2　エリオット三部作とは、『エリオット――兵士のフーガ』と『ひと匙の水』、『おしまいに至福の一曲を』を指し、その名のとおり三作全てにおいてエリオット・オルティスが主人公となる。

3　原文において、この台詞は英語としては所謂不完全なものとなっている。これこそが、ヒューディーズの言語的なシアトリカリティの醍醐味ではあるものの、だからこそある種の翻訳不可能性を持ち合わせている。ゆえに本稿においては、一般的な日本語に訳出している。

引用文献

Aghoro, Natalie. "Haunting Echoes: Tragedy in Quiara Aregría Hudes's *Elliot Trilogy*." *The Journal of American Drama and Theatre*, vol.31, no.1, Winter 2019, pp.1-13. https://jadtjournal.org /2019/01/28/haunting-echoes-tragedy-in-quiara-alegria-hudess-elliot-trilogy/.

Bigsby, Christopher. *Staging America: Twenty-Century Dramatists.* Bloomsbury Methuen Drama, 2021.

Carson, Sarah. "*In the Heights* Co-creator Quiara Alegría Hudes: 'Latinos Have the Right to Have Our Joy and to Talk about It.' "*inews.* 18 June 2021. https://inews.co.uk/culture/film/in-the-heights-co-creator-quiara-alegria-hudes-latinos-joy-memoir-my-broken-language-1059498.

Fink, Holly Rosen. "Quiara Alegría Hudes on the Responsibility of Talking '*In the Heights*' from Stage to Screen." *Women and Hollywood.* 10 June 2021. https://womenandhollywood.com/quiara-alegria-hudes-on-the-responsibility-of-taking-in-the-heights-from-stage-to-screen/.

García-Romero, Anne. *The Fornes Frame: Contemporary Latina Playwrights and the Legacy of Maria Irene Fornes.* U of Arizona P, 2016.

Gleason, Philip. "Americans All: World War II and the Shaping of American Identity." *The Review of Politics,* vol.43, no.4, 1981, pp.483-518.

González, Begoña Simal. "The Challenges of Going Transethnic: Exploring American Autobiography in the Twenty-First Century." *Revista de Estudios Norteamericanos,* no.15, 2011, pp.33-49.

Herrera, Brian Eugenio. *Latin Numbers: Playing Latino in Twentieth-Century U.S. Popular Performance.* U of Michigan P, 2015.

Hoffman, Warren. *The Great White Way: Race and the Broadway Musical.* Rutgers UP, 2014.

Hudes, Quiara Alegría. *Elliot, A Soldier's Fugue.* Theatre Communications Group, 2012.

———. *The Happiest Song Plays Last.* One World, 2014.

———. *My Broken Language: A Memoir.* One World, 2021.

———. *Water by the Spoonful.* Theatre Communications Group, 2012.

Hudes, Quiara Alegría, and Lin-Manuel Miranda. *In the Heights: The Complete Book and Lyrics of the Broadway Musical.* Applause Theatre & Cinema Books, 2013.

Luis-Brown, David. "The Transnational Imaginaries of Chicano / a Studies and Hemispheric Studies: Polycentric and Centrifugal Methodologies." *Bridges Borders Breaks: History, Narrative, & Nation in Twenty-first-Century Chicana/o Literary Criticism,* edited by William Orchard and Yolanda Padilla. U of Pittsburgh P, 2016. pp.40-62.

Mansbridge, Joanna. *Paula Vogel.* U of Michigan P, 2014.

Myers, Victoria. "An Interview with Quiara Alegría Hudes." *The Interval.* 17 May 2017. https://www.theintervalny.com/interviews/2016/05/an-interview-with-quiara-alegria-hudes/.

Ramos, Raúl A. "Archives and Identity: Recovery's Impact on Latino Identity Formation." *Writing/Righting: Twenty-Five Years of Recovering the US Hispanic Literary Heritage,* edited by Antonia Castañeda and Clara Lomas. Arte Público, 2019, pp.37-42.

Ritche, Schuyler. "Lifting The Curtain: How Lin-Manuel Miranda Challenged *West Side Story*'s Cultural Stereotypes." *New Errands,* vol.4, issue 2, 2017, pp.1-20. https://journals.psu.edu/ne/article/view/60347/60309.

Rua, Colleen L. *Coming Home: US-Latinos on Broadway Stage.* 2011. Tufts University, PhD dissertation. https://dl.tufts.edu/pdfviewer/fj236d672/wd3767595.

Seeburger, Frank. *The Open Wound: Trauma, Identity, and Community.* Scotts CreateSpace, 2012.

Shorris, Earl. *Latinos: A Biography of the People.* W. W. Norton, 2012.

Taylor, Diana. *The Archive and the Repertories: Performing Cultural Memory in the Americas.* Duke UP, 2003.

Ventura, Gabriela Baeza, et al. "Recovering Our Written Legacy: Recounting the Challenge." *Writing/Righting: Twenty-Five Years of Recovering the US Hispanic Literary Heritage,* edited by Antonia Castañeda and Clara Lomas. Arte Público, 2019, pp.3-16.

牛島万「米国映画におけるヒスパニック／ラティーノ主人公の越境的性格に関する覚書」『国際文化研究所紀要』五号、一九九九年、三九―六二頁。

『山羊――シルヴィアってだれ?』における多様性の受容とその難しさ

西村瑠里子

序論

『山羊――シルヴィアってだれ?』(*The Goat, or Who Is Sylvia?*)は、二〇〇二年に初演を迎えたエドワード・オールビー(Edward Albee)による後期作品である[1]。本作には、「アメリカの成功物語の典型例」(マクナルティ[McNulty]六五)のマーティン・グレイが山羊シルヴィアとの獣姦[2]を犯したことを古い親友のロスに告白し、さらにロスがその罪をマーティンの妻であるスティーヴィーに打ち明けたことにより、グレイ家が崩壊する過程が描かれている。獣姦というショッキングで話題を呼ぶ要素とは裏腹に、オールビーは「この劇は山羊との性交についてのものではない」(オールビー二〇〇五 二八四)と断ったうえで、「本作は愛、喪失、寛容の限界と我々は何者なのかについての劇である」(オールビー二〇〇五 二六二)としている。例えば、登場人物たちはビリーが同性愛者であることを受け入れ、一見するとリベラルである。その一方で彼らは、マーティンが獣姦を犯したということに拒否感を覚えずにはいられない。つまり、本作における家族や友人関係の崩壊の根底には、社会的なタブーとされるような行為に対する寛容の限界がある。

本稿ではこの寛容の限界を露呈させるものを、様々なセクシュアリティ間の差別化と仮定する。例えば、家族はマーティンを理解しようと歩み寄るものの彼の孤独感は解消されることはない。一方で、マーティンの求めた理解の内容や家族の彼への理解が及ばなかった原因に関しては不透明なままである。そしてこの不理解には所謂「当たり前」とされる性指向が作用していると考えられる。当初マーティンと山羊の性行為にビリーとスティーヴィーは拒否反応を示す。しかしながら、ビリーは近親相姦を犯すことでマーティンと同様の立場に立ち、理解の姿勢を提示しようとする。またスティーヴィーはシルヴィアを人間と同等の浮気相手と見なすことで、理解を示そうと試みる。しかしその意図に反して、両者の行為は規範と逸脱を並べ、不可避的にその違いを露わにさせるパフォーマティブな無意識の差別化となる。

本稿は登場人物たちの獣姦への反応を検討しつつ、彼らが陥る無意識の差別化を『山羊』の示唆する悲劇性として提示する。まずマーティンの獣姦が、社会的に受け入れがたいタブー侵犯行為であることを確認する。そのうえで、家族による理解の試みがあったことに着目し、マーティンの求める理解と彼らの示した理解の齟齬の原因に様々なセクシュアリティ間の無意識な差別化があることを指摘する。次に、自身を尊重するがゆえの他者への無理解や差別化が、『山羊』の示す悲劇性であることを明らかにする。またその背景として、本作の笑えなくなる瞬間[3]が浮き彫りにする、他者を暴力的に排除しながら、それを正当化するような寛容の浅薄さがあることを論じる。最後に、様々なセクシュアリティ間における無意識な差別化を抱える人々に対し、多様性の受容の意味とその難しさを提示する作品として『山羊』を解釈する。

一．社会的タブーとしての獣姦

まず、マーティンとシルヴィアとの性的関係が社会的タブーとして見なされている点を確認する。マーティンからの山羊シルヴィアへの愛は、彼の思いとは裏腹に、人から人への愛とは程遠い、歪んだ性欲として家族や長年の親友によって受け止められる。彼らにとってマーティンの獣姦は、理解はおろか受け入れることさえ不可能な社会的タブーなのである。彼らの嫌悪感が不自然なものではないことは、当時の観客や批評の反応からも伺える。J・エレン・ゲイナー（J. Ellen Gainor）は、「現存する数少ないタブーのひとつ」の獣姦を扱う本作への反応について、特にブロードウェイでの公演に対するレビューを引き合いに出しつつ、「これまでのオールビー劇にもあてはまってきたことではあるが、反応は嫌悪から誇大なほどの賞賛まで様々であった」とし、「多くの批評家の反応の根底には、おそらく本作のナラティブにむけての不快感あるいは敵意があるだろう」と分析している[4]（ゲイナー　二〇三―四）。またオールビー自身が明かすように、オールビーが「その意見を尊重するような人々」からさえ、このような作品を書くどころか着想するという段階において、「敵意や非難」を受けたという（オールビー二〇〇五　二六〇）。

　こうした反応の背景には、歴史・宗教・社会・文化・法律などにおいて獣姦が禁忌として見なされていたということがある。例えば、キリスト教の聖典の一つである旧約聖書のレビ記一八章二三節には「動物と寝て交わり、汚れてはならない。女も動物の前に立って、それと交わってはならない。それは道を外れたことである」（一七八）とある。そして病気や死のリスクを伴うため、衛生面においても望ましい行為ではないとされる。またソドミー法廃止に伴い非犯罪化された州もあるものの、アメリカの州の多くでは、獣姦は違法行為と見なされる。さらには、同意を明確に得られない相手を性的に搾取する行為に該当することから、動物虐待と認識されることもある。

　マーティンの言動がまさにそうであるような「国家的パラダイムに反した言動・思想」は、「人々が共有する「常識」という社会文化的にプログラムされた概念」に従い、「異常、異端、狂気、危険分子として国家の合法的暴力により排除される」（貴志　二六四）。ロスが表すのは「獣姦を犯す動物性愛者や同性愛者を異常者・変質者と見る社会の目と態度」（貴志　二六二）となる。ロスはマーティンの問題の核を以下のように説明する。

ロス　これに懲役刑があるのを知っているのか？　州によっては殺されるんだぞ？（ビリーをはねのけ、マーティンに対して）そうなったらどうなるかわかっているのか？　メディア？　みんな？　何より――おまえのキャリアに、人生に……全て。（あまりに冷たく、理性的に）ヤギとヤッたって理由だけで。（悲しげにかぶりを振る、ビリーが静かにむせび泣いている）（『山羊』六八）

ロスによれば、問題はマーティンが法律や禁忌といった社会の制定したルールを犯したことにある。社会においては、マーティンとシルヴィアの性的関係は悪い冗談か、事実ならタブー侵犯行為に他ならない。そしてこれらが「リベラル、白人、ミドルクラス以上」であり、「同性愛に寛容であると公言するような」ブロードウェイに来る観客(藤田　八三)の価値基準でもある。彼らは「ロスを介して他者がマーティンの行為をどのように受け止めるのかを理解する」(ゲイナー　二一一)。このような社会的意識がマーティンを社会的タブーを犯す異常者として際立たせ、観客もロスと同様にマーティンを異常者として見なすことになる。

二．様々なセクシュアリティ間の理解の困難と拡張の限界

ロスとは対照的に、マーティンの獣姦を理解しようと試みるのが彼の家族である。スティーヴィーとビリーはそれぞれの方法でマーティンに理解を示そうとするが、マーティンの問題を解決するには至らない。ここでは、この伝達不可能性の原因をスティーヴィーやビリーのなかにもある、様々なセクシュアリティ間の無意識的な差別化の意識と仮定したい。これを考察する布石として、家族による理解の試みとその理解の及ばない様を検証する。

まず、スティーヴィーとビリーのマーティンと山羊のセックスに対する反応を、拒絶、理解の試み、そして理解の提示という三つの段階に分けて考える。第二場の序盤に示される反応は拒絶である。取り乱したビリーは、「オカマ」のくせにとマーティンにののしられ、少なくとも自分の相手は人間であって山羊でない、と言い返す(『山羊』二八)。同性愛と獣姦を同等に扱うなというビリーの主張は同じ性的マイノリティの中にも不寛容が存在していることを示唆する。またスティーヴィーは、困惑している息子を諌め、マーティンによる説明に耳を傾ける一方で、マーティンのシルヴィアに対する行為は、タブーを侵犯する、受け入れられない行為であると主張する。

しかし第二場を通して理解の試みへと家族の反応は変化する。一見すると第二場のスティーヴィーの態度は理解しようとしていることを示す態度には見えない。スティーヴィーはマーティンの説明の途中、彼女にとって想定外の出来事が言及されるたび家具を破壊し、マーティンが自らに伸ばした手を「山羊とやった手で触るな」(『山羊』四八)と拒否する。しかしながら、安易に受け入れることだけが理解を意味するとは限らない。それはむしろロスのような表面的なリベラルを生み出すだけである。マーティンの獣姦を知らなかったときには戻れないことを認識しているスティーヴィーは、たとえ説明のなかで言及される物事が彼女の想定しうるレベルを大幅に超え、それゆえに彼女の価

値観や心を壊すものであるとしても、「ちゃんと知っておく必要がある、すべてを詳細に」(『山羊』三七)と覚悟し、マーティンの口からすべてを聞こうと試みる。つまり先述の一連の破壊行為はマーティンに対する単なる拒否反応ではなく、彼の行為が本能的に拒否感を抱かずにいられない、ありえてはならない出来事であったとしても、そのすべてを聞くために事実を無理矢理に受け入れようとするがゆえの苦しみの発露である。マーティンに質問を繰り返し、説明を促すスティーヴィーの姿勢は、理解したふりをするのではなく、わかるまで聞こうとする彼女の真摯さを示している。

理解の試みから理解の提示に移行するのは第三場である。ここでは、ビリーによるマーティンへのセクシュアルなキスや、スティーヴィーによるシルヴィアの惨殺を、彼らの理解の提示の手段として仮定する。そのうえで、彼らが想定したマーティンの求める理解とマーティンが実際に求めた理解とが結果的には異なったことを明らかにする。第三場序盤、家族の関係修復を目指すビリーは、いまだシルヴィアとの大恋愛にすがるマーティンに「いい加減大人になれ」(『山羊』六二)と諭す。しかしながら、同性愛者である自身を親が受け入れてくれたことを思い返すことで、想定しえないものを受け入れることの難しさをビリーは理解する。ビリーはまた、マーティンを愛していると性的なキスをする。このキスは「同性愛者ゆえに社会から疎まれると自覚するビリーが、獣姦を犯した父への共感と愛情、父なら自分を理解してくれるという願いの現れ」(貴志 三五八)と考えられ、ここには第二場にあったような性的倒錯とされるもの同士のなかにある不寛容は感じられない。ビリーは同性愛だけでなく、近親相姦を犯すことでマーティンの立場に立とうとする。禁忌と見なされるような愛を認め、受け入れ、理解しようとする姿勢が、このビリーの行動から読み取れる。

同じように、マーティンと共にタブーを犯すことによって、立場を共有し理解しようと試みるのがスティーヴィーである。第三場終盤のシルヴィア惨殺の場面で、スティーヴィーはシルヴィアをマーティンの「友人」(『山羊』七〇)と呼び、マーティンと同様にシルヴィアを人のように扱う。これは「シルヴィアの動物性や物質性に固執」(クーン [Kuhn] 一四)する第二場のスティーヴィーとは対照的である。またジョン・クーンは、『山羊』のモデルとなった悲劇作品の一つとしてソポクレスの『トラキスの女たち』を挙げ、「スティーヴィーの最後の言葉は、ライバルを殺し、マーティンの自身への愛を守るために、スティーヴィーがシルヴィアを殺したことを示している」（クーン 二四）と指摘する。これは、スティーヴィーが山羊であるシルヴィアを人間の恋敵と同等に見なし、夫とシルヴィアの性交を浮気として捉えている可能性を示唆する。この点に鑑みると、スティーヴィーによるシルヴィア殺害は、感情任せの短絡的復讐行為ではなく、むしろ人と獣を同等に扱うマーティンの価値観を部分的にでも共有した結果とも考えられる。たとえ相手が山羊だとしても許せなかったというスティーヴィーの主張は、まさにマーティンと同じ価値観でシルヴィアに向き合おうとする決意を示すからである。寛容であろうと試みた結果、あるいは理解しようとし、さらに理解していることを示そうとした結果、スティーヴィーは山羊を殺さざるをえなかったのである。

ここまで、同じように寛容の限界を迎えるといっても、ロスのように社会規範に則っているか否かを判断するだけでなく、理解を提示しようとするスティーヴィーやビリーの姿勢を確認してきた。しかしながら、『山羊』は、ロスのような自称リベラルと違い、スティーヴィーやビリーのような真摯に向き合おうとする人々の提示する理解が、必ずしもマーティンの求めた理解と一致するとは限らないという問題にも焦点を当てている。次章では、家族の示した理解とマーティンの求めた理解の齟齬に着目し、その原因として彼らが陥っている無意識の差別化の問題を提示する。

三．寛容の限界と差別化

マーティン自身の口から明確にその「愛」について説明されない以上、誰にも彼の苦悩を確実に理解することは叶わない。中期作『海景』(*Seascape*, 1975) の人間は、悲しみや愛のように、手にとって実物を見せることができない、あるいは言葉によって明確に定義することができないものであっても、それが存在しないというわけではないということを、海イグアナに身をもって理解させた。対照的に、『山羊』の登場人物は、言語によるコミュニケーションをとることができる同じ人間同士であるにもかかわらず、シルヴィアに対するマーティンの愛を理解不可能なタブー侵犯行為として突き放す。あるいはマーティンに理解を示そうと試みるものの、結局、彼らが提示した理解とマーティンの期待する理解とが食い違う。このような理解の齟齬の背景には、マーティンにとって山羊とのセックスは幸福追求の行為であること、そしてそれを家族が把握できていなかったこと、という二つの理由があると考えられる。
　マーティン自身も自らの山羊シルヴィアへの愛に対して相矛盾する感情を抱いている。つまり、マーティンにも倫理的判断基準が存在し、その判断基準と自身の決断が一致しない苦悩がある。第一場、冗談で山羊との浮気をほのめかしたマーティンに、スティーヴィーは「やりすぎよ」(『山羊』九)と笑って返す。スティーヴィーが去ったのち、自分も同じように感じていることをマーティンはほのめかす(『山羊』九)。またマーティンがロスに打ち明けた経緯(『山羊』六七)も、山羊への愛がマーティン自身にとって喜ばしいこと以上に、一人で抱えておけないほどの当惑でもあったことを示している。この時のマーティンの「やめられるはずだった」(『山羊』六七)、「なんとかなったかもしれなった」(『山羊』六八)という主張は注目に値する。これらは、獣姦患者のセラピーやビリーのホモセクシュアリティに関する会話で、普通すなわち同種への愛や異性への愛に戻れる可能性があったことを意味する。当初マーティンは己のシルヴィアへの愛に当惑し、同じような境遇にある人を探して、セラピーに参加する。貴志雅之は、このセラピーが社会保全のための隔離施設として機能していることを指摘する。

　彼ら[療養者]は社会に適応できず、不幸なトラウマ、あるいは生まれついての性的嗜好から、動物との性的交わりに癒しを求めながら癒されない人々である。動物との交わりは、いっそう彼らに異常者としての意識と恥辱、罪悪感を植え付け、彼らは出口の見いだせないまま療養所に留まるほかない。療養所は彼らを社会から隔離し、動物性愛という疫病の拡散を阻止する施設に映る。彼らは災い除去による社会保全のため追放・隔離される「身代わりの山羊」なのである。(貴志　三六三)

「治療」や「治った」という言い回しに違和感を覚え、獣姦を不幸だと感じている「患者」たちとシルヴィアとの関係を幸せだと感じている自身の間の違いを理由に、マーティンはセラピーを去る。当初マーティンは、無意識のうちに自らも依拠していた規範によって、自らもまた「身代わりの山羊」になるべき「異常者」なのではないかという罪悪感に捕らわれていた。セラピーに留まれば、マーティンは自らのなかに巣食う「当たり前」とされるような規範的性指向という考え方に屈服し、自らの幸福を否定することになる。ゆえに、セラピーを後にするという行為は、マーティンにとっては、自らのセクシュアリティを尊重するための行為となる。シルヴィアとの関係性を幸福であると認めるマーティンには、それに異常というレッテルを貼る規範に抵抗する必要がある。これはマーティン自身もまた自己と他者の差別化に陥っていることを意味する。つまり、マーティンもまた、己のセクシュアリティを尊重するために、他の性的指向や価値観を受け入れがたいものと見なしている、つまり寛容の限界に直面している。

この時、作中で同性愛を扱いながら一方で「たまたま同性愛者であるにすぎない劇作家」（モンターニュ［Montagne］）を自称するオールビーの姿勢[5]は、マーティンが家族や親友に期待する理解の姿勢を明らかにするうえで手がかりとなりうる。オールビーの功績は「劇場に足を運ぶ人々に、我々が異性愛主義と呼ぶものも含む、戦後アメリカ社会がその礎としてきた嘘を認めさせたことにある」（フロンテイン［Frontain］）。ホモセクシュアルのカップルとヘテロセクシュアルのカップルの共通点と相違点についてオールビーは以下のように述べている。

互いに本当に思いあっていて、共に生きていこうとしているのであれば、異性愛と同性愛のあいだにそんなに大きな違いがあるとは感じていない。同性愛のカップルの方が多くの偏見や違法性と戦わねばならないことを除けば、さして違いはないだろう。（オールビー二〇〇五二八四）

オールビーは、同性愛者の方がより多くの困難を経験することについて認める一方で、真剣に愛し合っているのならば、実質的に異性愛者と同性愛者の間に違いはないと主張する。オールビーによれば、愛情の対象に違いがあれども、愛そのものには違いがない。この主張の背景には、『海景』において指摘された差異化と差別化の問題があるだろう。差異化が単に対象を異なるものとして捉えることとするならば、差別化はその異なるものの間に優劣を見出すことを意味する。『海景』において種の違いに対して見出された優劣が、『山羊』においては異性愛、同性愛などの多種多様な愛のなかに見出されている。受け入れられる性的指向が社会に存在する限り、そこに当てはまらないセクシュアリティは異常と見なされる。多様性をうたう一方で、多くの人間はその差異を根拠に愛を種類に分け、優劣をつけ、愛をありのままに受け入れられない。そしてこれは『山羊』において他者がマーティンとシルヴィアの関係性に対してとった姿勢から伺える。マーティンにとっての他者とは、以下の三つの立場に分類される。（一）ロスのような、シルヴィアとの関係を異常と見なし、排除さえしようとする偽善的リベラルの立場、（二）スティーヴィーやビリーのような、理解しようと試みるものの無意識のうちに対象を例外的な性指向と捉えている立場、そして（三）潜在的に刷り込まれた「当たり前」とされる性指向のために、規範から外れた愛を異常だと感じ、幸福だと認められず不幸に陥る立場の三つである。いずれの立場も、受け入れようとする姿勢の有無にかかわらず、マーティンとシルヴィアの関係性を異常、例外や不幸と見なし、幸福とは見なさない。

　理解されていないというマーティンの嘆きの根底にあるのは、多様な愛に無意識のうちに優劣を見出すような、当然のように受けいれられる性的指向に当てはまらない愛への無意識の差別への非難とも考えられる。確かに、タブー侵犯者として排除することと、性的他者として把握することには、寛容の限界のレベルにおいて大きな隔たりがあり、後者の方が相手により歩み寄り、寛容であろうとする立場である。しかしスティーヴィーやビリーがとるこの立場は、マーティンのシルヴィアへの愛を一家に不幸をもたらす要因と見なしていることの証左でもある。マーティンを受け入れる家族もまた、社会から異常というレッテルを貼られることは想像にかたくない。そのため、彼を受け入れることは家族が不幸になることに耐える決心のあらわれともいえる。しかし、それはマーティンが山羊シルヴィアとのつながりを通して感じた幸福感とは対照的なものである。家族に期待された理解と家族が提示した理解の間の齟齬を引き起こすのは、セクシュアリティに関係なく、自己を尊重するうえで生じる差別化であろう。そしてこの差別化や寛容の限界は本作の悲劇性へと接続される。

四．多様性を受け入れることの難しさ

　寛容の限界というテーマは、『山羊』の持つ悲劇性へと収斂する。本作が悲劇を意識していることは、出版時に追加された副題「悲劇の定義についての覚書」に明らかである。この副題はT・S・エリオットによる『文化の定義についての覚書』に由来する[6]。エリオットによれば、「文化とはわれわれの生活の総体、現に生きられているものの

すべて」である（竹之下　九三）。よって、「「文化の条件」は、文化の一部であるがゆえに、計画によって作り出せるものではありえない」が、「文化を健全たらしめるための条件を整えることはできる」（竹之下　九三）ことになる。エリオットへの言及を考慮に入れるならば、オールビーもまた現代アメリカにおける悲劇性と、悲劇が悲劇として鑑賞される社会文化的土壌を、本作を通して考えた可能性が出てくる。

　現代の悲劇では、タブーの共通認識や規範の不条理性と暴力性が問題視される傾向が見受けられる。藤田淳志は、アリストテレス[7]による定義とアーサー・ミラーによる「悲劇と平凡人」を踏まえ、現代の悲劇を、「ギリシア悲劇で主人公たちを支配していた大きな力が神々の意思や王族であることの運命であったのに対して、現代の悲劇で一般人である主人公が対抗するのは、一見安定していて変えることができないように思える社会規範の強制である」と定義づける（藤田　八〇―一）。藤田は、この定義が「社会規範である異性愛主義」を主人公の葛藤を通して「再検討」する『山羊』の筋書きにあてはまることを確認し、表面的にはリベラルを装うものの寛容になれないコミュニティの在り方に悲劇性を見出す（藤田　八〇―一）。トマス・P・アドラー（Thomas P. Adler）もまた、『山羊』の悲劇性は「タブーを犯し高い地位から転落する個人の姿」ではなく、「社会の規範から逸脱した行為を受け入れようとしない社会の偏狭さにある」として、「ここにオールビーが言う悲劇の再定義の意味を見いだす」（アドラー　一二一、貴志　三六七）[8]。

　このアドラーの分析をさらに展開し、貴志は「異常とされる他者をも受け入れる寛容な心の重要性を理解したとしても、舞台上の他者にさえ拒否反応を示してしまう大半の人々に見られる悲劇性」（貴志　三六八）があることを指摘する。ロスはリベラルを装いながら、マーティンにタブー侵犯者のレッテルを貼り、排除しようとする。スティーヴィーとビリーは、マーティンの性的指向を受け入れようとしながらも、それを幸福とする価値観にまでは理解が及ばない。そして彼らを介して寛容の重要性を理解しながらも、結局のところ拒否感を抱かずにはいられない観客の実情が『山羊』の提示しうる現代アメリカの悲劇性として指摘されてきた。マーティンの立場を考慮すると、その悲劇性は、セクシュアリティの如何に関わらず、自身を尊重するが故に陥る差別化へと敷衍する。マーティンは、他人がタブーや不幸として扱うシルヴィアとの関係性を幸福とし、自らの幸福を尊重するために規範的な性指向に抵抗しなければならない。このことから、自らを尊重するために他者を差別化するのは、排除される側も同様であることが窺われる。この観点は、多様性を訴える傾向にある現代社会のなかで、他者を受け入れるという行為が持つ意味を問いかける。「当たり前」とされる性指向にあてはまらない様々な愛のあり方が性的マイノリティとして扱われるとき、そこには表立った排除はないが受け入れも存在していない。これはむしろタブーの境界線をあいまい化させる「例外化」（アガンベン　二九）とも考えられる。例外化とは、規範が「一般的な規範から排除された単独の事例」である「例外に対して自らの適用を外し、例外から身を退くことによって自らを適用する」ことであり、「宙吊りという形で例外との関係を維持する」ような、「一種の排除」である（アガンベン　二九）。『山羊』はその観客に対し、他者を例外として包含することとありのままに受け入れることが異なるという気づきを促し、受け入れることの意味を問いかけ、同時にその難しさを示唆する。つまり多様性が謳われる世界で、自身を尊重するがゆえに他者を認められない自己の在り方に、本作の示す悲劇性が見いだされるのである。

ところで、オールビーは『山羊』に積極的に笑いを取り込む。獣姦は「都市生活者が田舎の人々の素朴さや洗練されていない暮らしぶりを揶揄する」（ディスキー［Diski］一八九、岡本　二二四）[9]要素となる。それが誘引する笑いは、観客が舞台上の出来事やその人物に対して「ほんの一瞬だとしても距離を置き、優越感を感じている」（ウェイツ［Weitz］一六〇）ことを示すだけでなく、獣姦のリアルさや生々しさを軽減する（藤田　七五）効果を持つ。この時、『山羊』の笑いには、作中の出来事を自分のこととして真摯に考えてほしいという意図（オールビー二〇〇五　二六二―三）や、それを可能にするための劇の真実味を損ねてしまう危険性もある。ゆえに、『山羊』の場合はむしろ、こうした効果を無効にするような、笑えなくなる瞬間が重要性を持つと考えられる。なぜなら、笑えなくなるという現象には、以下の三つの効果があると仮定できるからである。まず舞台上で起こる出来事に対して距離を保てなくなること、そして自分たちよりも劣っていると考えていた登場人物をそう捉えることができなくなること、最後に滑稽に思っていた出来事に対して気まずさや不快感をおぼえるようになることである。劇の序盤、『山羊』の笑いは、舞台上で起こる出来事を他人事や冗談としてとらえること、目をそらし逃避することを登場人物だけでなく観客にも許す効果があると思われた。例えば、第一場マーティンがスティーヴィーにシルヴィアとのことを初めて打ち明けようとする場面で、彼らは「ノエル・カワード劇風」（『山羊』九）[10]に演じるが、肝心の打ち明ける瞬間になるとその所作は失われてしまう。またスティーヴィー一筋であったマーティンが浮気したことをからかい、シルヴィアが何者かを暴こうとしたロスは、シルヴィアが実は山羊であることを知るや否やマーティンの行為を「病的」（『山羊』六七）なものとしか思えなくなり、その態度を一転させる。第二場ロスから事の次第が記された手紙を受け取ったスティーヴィーは悪い冗談だと初めは笑ったが、その日の朝の会話を思い出し、それがどれほどひどくてありえないことであっても冗談ではないと気づき、笑うのをやめたという（『山羊』三五）。このように笑いが常に取り上げられることで、『山羊』で展開される出来事や登場人物の主張が直面しなければならない現実であると理解することを、観客は余儀なくされる。

同様に観客から逃避という選択肢を奪い、現実を突きつけるのが、シルヴィアの死体である。本作には「本物の山羊がいて、本物のヤギとの本物の情事があった」（ヘナーソン［Henerson］）のであり、山羊そのものに目を向ける必要がある。「そこに言葉遊びの余地はない」（クーン　二二―三）ことを突きつける山羊の死骸は、舞台上に不在だった山羊に読み込んだあらゆる比喩や寓意から、山羊が人間によって犯され、殺されたという事実のみを認識する段階へと観客を引き戻す。笑うことでジョークとしてごまかした要素が、不快感や嫌悪感を発生させる要素へと変化する。劇への不快感が、規範なしには成立しえない社会という場における、他者を差別化し、それを正当化する寛容の浅薄さを浮き彫りにする。これこそが、他者を認められない自己が帯びる悲劇性の背景に他ならない。

結論

本論稿は、登場人物たちのマーティンとシルヴィアの関係性に対する反応を検討しつつ、自己を尊重するための差別化を『山羊』が再定義する悲劇性として提示した。ロスと、ブロードウェイに来る観客たちの多くの価値観では、マーティンとシルヴィアの性的関係は、排除すべきタブーの獣姦と見なされることもあるだろう。一方、スティーヴィーとビリーは、マーティンとシルヴィアの性交を例外的な価値観に基づくものと見なし、理解しようとする。しかし、マーティンが彼らに期待するのはシルヴィアとの関係性を幸福とみなすことであり、この点において彼らの視点は食い違う。自身の幸福追求を守るために行われる他者の価値観への抵抗は、意図せず陥る差別化として解釈される。『山羊』は、多様性が称揚される時代において、無意識のうちに陥る差別化、そして受容の意味とその困難を観客に対して提示する。

多様性やリベラルという言葉の濫用は、その言葉の内包する、主流に属さないものに寛容であろうとする傾向とは裏腹に、彼らを区別する同性愛、動物性愛という名称を生み出し、差異を明確化していく。存在を認識する上で他者に名を与えることが必要な一方で、その根底に「当たり前」のものとされる性指向が潜む限り、意図せぬ差別化が生じ続ける。オールビーの思い描く多様性や寛容のあり方が、一見すると異なるものの本質が同じだと気づき、受け入れることであるとするならば、『山羊』はその正反対へと向かう自称リベラルな社会において、多様性の受容の問題を提起しつづけている。

注

1　以下文中では『山羊』と記載する。

2　獣姦を動物との性交を意味するものとし、ファンタジーなどを含むズーフィリア（動物性愛）とは異なるものとして扱う。なお、作中のこの語の持つ生々しさや衝撃、そしてその効果の軽減の話をするため、動物性愛ではなくあえて獣姦と表記するが、差別的な意図は一切ない。

3　オールビーは、インタビューで彼の作品の笑いと観客について、以下のように述べている。

私は、観客が笑っている最中にその対象は実は面白おかしいものではないと気が付く、あるいは何かに気まずい思いをしているときに実はそれが笑っていいものなのだと気が付く瞬間を捕らえるのが好きだ。（オールビー二〇〇五　一七七）

特に前者の、笑っている最中に、その笑いの対象が実のところ笑い事ではない、あるいは笑うべき事柄ではないと気が付く瞬間を指して、ここでは笑えなくなる瞬間とする。

4　混乱、賞賛、批判といった多岐にわたる反応は多くの批評家の間にも見られ、バーバラ・リー・ホーン（Barbara Lee Horn）もまた、著書『エドワード・オールビー——研究・上演史料集』（*Edward Albee: Research and Production Sourcebook*）のなかで、その例として、ニューヨーク・タイムズのベン・ブラントリー、ニューヨーク・ブレードのビル・ラウンディ、バラエティ誌のチャールズ・イシャーウッド、ニューヨーク・マガジンのジョン・

サイモンなどの批評を紹介している。

5　レネ・モンターニュとのインタビューで言及されている通り、オールビーはラムダ文学財団の受賞スピーチで、自らはあくまで偶然にも同愛性者である作家であり、同性愛を主要テーマとして扱う作家ではないと発言し、物議をかもした。

6　竹之下夏彦が指摘するように、『文化の定義のための覚書』は、「原始的な社会ではなく、あくまでも高度な発達段階にある社会、とりわけ『覚書』執筆当時のイギリス社会に向けられていた。それゆえ、ある社会について考察する際にエリオットの文化論の枠組みを用いようとする場合、われわれはその適否を慎重に判断しなければならないであろう」（竹之下　九五）。さらに、オールビー自身の『覚書』に対する認識は「何かについての覚書という誰かの有名な本のパラフレーズ」（オールビー二〇〇五　二七八）程度のものである。これらのことを考慮すると、オールビーが『覚書』の内容をことこまかに反映させたとは考え難い。しかしながら、「悲劇」を可能とする文化的土壌や定義を考えるという点においては、オールビーは『覚書』のあり方を踏襲しているとも言えるだろう。

7　参考にした松本仁助、岡道男による書籍においては、アリストテレースと記載されているが、本稿では一般的に用いられるアリストテレスと立項する。

8　アドラーの参照箇所の和訳は、貴志の文献内での和訳を参照し、その参照した和訳のページを記した。

9　ジェニー・ディスキーの参照箇所の和訳は、岡本太助の文献内での和訳を参照し、その参照した和訳のページを記した。

10　カワード自身は機知に富んだ喜劇を得意とするイングランドの作家である。悲劇である本作に喜劇作家の名前が言及されていることに違和感を覚える観客や読者もいるかもしれない。しかし、喜劇的振る舞いではなくカワード劇の振る舞いと記載されている点から、カワードへの言及は「ノーマルと規定された者とそうでない者の間の葛藤」を描くカワード劇の「文学作品におけるジャンルの約束事」と「文化や社会の慣習」を常に「修正」・「上書き」する傾向（赤井　三九）に焦点を当てることを意図したものであると考える。なおオールビーはカワードの選集の序文を書いており、彼の影響を受けていることを認めている（オールビー二〇〇五　三八―三九）。

参考文献一覧

Adler, Thomas P. "Edward Albee." *The Methuen Drama Guide to Contemporary American Playwrights*. Ed. Martin Middeke, Peter Paul Schnierer, Christopher Innes, and Matthew C. Roudané. Bloomsbury, 2014, pp.1-19.

Albee, Edward. *The Goat, or Who Is Sylvia?* Methuen Drama, 2021.

———. "*Seascape.*" *The Collected Plays of Edward Albee 1966-77*. Overlook Duckworth, 2008, pp.367-448.

———. *Stretching My Mind*. Carrol & Graf, 2005.

Diski, Jenny. *What I Don't Know About Animals*. Virago, 2010.

Frontain, Raymond-Jean. "Playwrights Who Rewrote the Rules." *The Gay & Lesbian Review Worldwide*, vol.24, no.2, 2017, pp.24-26, 28. ProQuest, https://www.proquest.com/magazines/playwrights-who

-rewrote-rules/docview/1877280306/se-2.

Gainor, J. Ellen. “Albee’s *The Goat*: Rethinking Tragedy for the 21st Century.” *The Cambridge Companion to Edward Albee.* Ed. Stephen Bottoms. Cambridge UP, 2005, pp.199-216.

Henerson, Evan. “Get His ‘Goat’? Edward Albee on the Controversial Play That Has L.A. Theater Audiences Talking: [Valley Edition].” *Daily News; Los Angeles, Calif,* Feb 6, 2005, pp.U8. ProQuest, https://www.proquest.com/newspapers/get-his-goat-edward-albee-on-controversial-play/docview/282479682/se-2.

Horn, Barbara Lee. “*The Goat, or Who is Sylvia?*” *Edward Albee: Research and Production Sourcebook.* Praeger Publishers, 2003, pp.45-46.

Kuhn, John. “Getting Albee’s Goat: ‘Notes toward a Definition of Tragedy.’” *American Drama; Cincinnati,* vol.13, no.2, 2004, pp.1-32.

McNulty, Charles. “Edward Albee’s Domestic Animals.” *The Village Voice,* vol.47, no.21, 2002, pp.65.

Montagne, Renee. “Author Interviews Playwright Albee Defends ‘Gay Writer’s Remarks.” *NPR,* 6 June. 2011.

Weitz, Eric. “Moving Target: Comic Calculation and Affective Persuasion in Edward Albee’s *The Goat, or Who Is Sylvia?*” *HJEAS: Hungarian Journal of English and American Studies,* vol.15, no.1, 2009, pp.155-168, 234, 238. ProQuest.

赤井朋子「両大戦間期のイギリス演劇再考：ノエル・カワードを中心に」『神戸薬科大学研究論集：Libra』二巻、神戸薬科大学、二〇〇一年。二三―四二頁。

アガンベン、ジョルジョ『ホモ・サケル　主権権力と剝き出しの生』高桑和巳訳、以文社、二〇〇三年。

アリストテレス「詩学」『アリストテレース　詩学・ホラーティウス　詩論』松本仁助、岡道男訳、岩波書店、二〇〇〇年。七―二二二頁。

岡本太助「不都合なメタファー　アメリカ演劇と死せる動物」『あめりか　いきものがたり』辻本庸子、福岡和子編、臨川書店、二〇一三年。二〇五―二二〇頁。

貴志雅之「タブーを犯した成功者――『山羊――シルヴィアってだれ？』における幸福の追求と破壊」『アメリカ演劇、劇作家たちのポリティクス　他者との遭遇とその行方』金星堂、二〇二〇年。三五一―三七〇頁。

『聖書　聖書協会共同訳――旧約聖書続編付き』三省堂、二〇一八年。

竹之下夏彦「T・S・エリオット『文化の定義のための覚書』の執筆意図」『社学研論集』二五号、早稲田大学大学院社会科学研究科、二〇一五年。八九―一〇〇頁。

藤田淳志「「悲劇の定義のための覚書」」『アメリカ演劇　エドワード・オールビー特集Ⅱ』一九号、法政大学出版局、二〇〇七年。七〇―八五頁。

暴力とケアの交錯
――『キング・ヘドリー二世』における男と女の生きざま

松岡　玄

一　はじめに

オーガスト・ウィルソン（August Wilson, 1945-2005）ほど、多くの作品をもって二〇世紀のアフリカ系アメリカ人の経験を演劇作品に落とし込み示した劇作家は他にいない。彼は二〇世紀の各年代を舞台とする「ピッツバーグ・サイクル」（Pittsburgh Cycle）または「二〇世紀サイクル」（The Twentieth Century Cycle）と呼ばれる一〇作からなる連作劇を、生涯をかけて完成させた。この連作劇では二〇世紀を生きるアフリカ系アメリカ人の暮らしぶりと、彼らが直面した困難が、アフリカ系アメリカ人の語りの伝統由来の生き生きとした詩的な台詞によって描写され、舞台化される。

しかしながら、ウィルソンの「ピッツバーグ・サイクル」は全体としてみるならば、アフリカ系アメリカ人男性たちの経験を描いている、と評するのが適切である。というのは、ウィルソン自身も認めているように、彼の作品は男性を中心に据えることが多く、それらの登場人物が「戦士の魂」（warrior spirit）を発揮することができるかが、「ピッツバーグ・サイクル」の重要なテーマとなっているからである。ウィルソンはビル・モイヤーズ（Bill Moyers）とのインタビューにおいて、「戦士の魂」は次のようなものであると説明する。

> 初のアフリカ人がアメリカ大陸に足を踏み入れて以来、

抵抗というものはあり続けてきました。社会から割り当てられた役割とその限界をみて、「いや、お前が俺に課している制限を、俺は受け入れないぞ」と言う意志が「戦士の魂」です。このような意志を持つ人はそれに導かれ刑務所に送られることもあります。［……］すべての登場人物は闘う意志を示します。すべての登場人物が刑務所に入れられているわけではありませんが、「戦士の魂」に従った結果、つねにその魂を打ち砕こうとする社会からは逸脱する者もいるのです。

（モイヤーズ　一七九）

社会から周縁化されたアフリカ系アメリカ人が、社会に対してそうした周縁化の力に抵抗すると宣言し、戦いを挑む意志こそが「戦士の魂」である。ウィルソン作品においてこうした社会への抵抗の意志を持つのは、アフリカ系アメリカ人男性である。これはウィルソンが、アフリカ系アメリカ人の生存のために必要であったと考える男女の役割分担に由来する。ウィルソンは劇作家スーザン＝ロリ・パークス（Suzan-Lori Parks）とのインタビューにおいて、次のように述べる。

男がいたら、女も必要です。どういうことかというと、言うならば男が戦いに出かけ、家に帰ってきたら、女が彼の傷を看病し、包帯をし、再び戦いに送り出すのです。それが私たちの生存を可能にしてきた関係性に基づく役割です。女性たちが葬式に出席しこれらの男たちを埋葬し、それらすべてに耐えるのです。そしてどんな戦いであれ、男たちに戦いつづける力を与えるのです。

（パークス　二四、傍線引用者）

生きていくためには男は闘い、女は男たちを支える、というのがウィルソンの考える男女の役割分担である。それゆえ「戦士の魂」をドラマの中心に据えるウィルソン作品では、男性登場人物に大きく焦点が当てられ、彼らがその時代特有のアフリカ系アメリカ人の置かれた状況に対してどのように反応するかが描かれている[1]。

留意したいのは、ウィルソンは男性たちが「戦士の魂」を誤った方向に向けてしまう危険性を繰り返し描いているという点である。ウィルソンは『マ・レイニーのブラックボトム』（*Ma Rainey's Black Bottom*, 1984）のレヴィーを引き合いに出して戦士の魂について次のように説明する。

私は、レヴィーは戦士の魂を持っていると思います。彼はトレドを殺すことで、黒人に対して多大な害を与えます。バンドの中で唯一字を読むことができ、知識人であるトレドをレヴィーは殺害するからです。［……］しかし私はレヴィーの戦士の魂を称えます。彼の行動は間違った目的に向かって進むものですが、死ぬまで戦おうという彼の意志は称えます。

（モイヤーズ　一七九、傍線引用者）

レヴィーは白人中心の社会への怒りを抱え、ミュージシャンとしての成功を夢見る。しかし彼は音楽業界での成功を白人プロデューサーに阻まれたショックから、誤って彼の靴を踏んでしまったバンド仲間のトレドを刺殺する。ウィルソンは自らの命を賭けて行動することもいとわないレヴィーの社会に対する怒りを、戦士の魂として評価する。しかし重要なのは、ウィルソン作品におけるアフリカ系アメリカ人男性たちは往々にしてレヴィーのように、戦士の魂を向ける先を見誤り、同胞へと暴力を振るってしまうという点である。

作品の時代設定も二〇世紀サイクルの中で九番目であり、サイクル中唯一の続編である『キング・ヘドリー二世』(*King Hedley II*, 1999) も、そうした社会への怒りの矛先が同胞へと向かってしまうさまを描いていると言える。本作では、父親を殺した男に報復するため勝負を仕掛ける男と、命の危機にさらされた彼を守ろうとして不幸にも彼を射殺してしまう母親が描かれる。パーネルという男を殺した罪で服役していたキング・ヘドリー二世、以下「キング」は、出所後パーネルの従兄弟に命を狙われる。それと同時にキングは、母親ルビーの恋人であるエルモアが実父の殺害犯だという秘密を知り、父親の復讐をかけてエルモアと対決し、命を落とすこととなる。暴力が暴力を呼ぶような本作ではアフリカ系アメリカ人男性たちが抑圧的な社会に対するフラストレーションを向ける方向性を誤り、同胞へと暴力を行使してしまうさまが描かれる。

一方で、ウィルソンが男たちを支える役割を担っていると考える女性たちにも、本作では焦点が当てられている。アフリカ系アメリカ人の生存のために女性が担ってきたとウィルソンが考える役割は、戦う男性を支え、助け、さらなる戦いに備えさせるというものである。女性たちは男性が「戦士の魂」を持ち続け、傷を負っても戦い続けられるように援助する。

こうした女性の役割とは、他者をケアするということだと言い換えることができる。ここで言うケアとは、ミルトン・メイヤロフ（Milton Mayeroff, 1925-1979）によって提言され、フェミニズム批評家たちによって発展してきた概念である。メイヤロフはケアの最も重要な要素を次のように論じる。

> 他者のためにケアすることは、最も重要な意味としては、その人が成長し、自己実現を達成するよう助けることである。［……］他者の成長と自己実現を助けるという意味でのケアは誰かとの関係の持ち方と、その過程である。そしてそれは、友情が、互いへの信頼と、関係性の深化、および質的変化とを通して時とともに現れることと同じように、発展を伴うものだ。
>
> （メイヤロフ　一―二、傍線引用者）2

ケアされる対象のためになるように、ケアをする人間は自分の利益のみのためではなく、ケアをされる対象のために行動する。そしてケアされる対象が自己実現できるよう、彼もしくは彼女を尊重し、支えるのである。メイヤロフはケアをする対象を他者に限定せず、自分自身に対するケア、また人間以外のモノや概念などをも対象とするケアも想定してケアリング論を展開するが、そのどの場合にも、ケアするということはその誰か、もしくは何かがよりよくなれるように支えるということだとする。

「ケア」という概念はフェミニズム批評によって発展し、男性中心的な倫理観や社会構造などによって隠されてきた女性たちに焦点を当てるために用いられてきた。たとえばキャロル・ギリガン（Carol Gilligan, 1936-）は「ケアの倫理」を提唱し、女性にたびたび見られる倫理観が男性中心主義によって隠されてきたと論じる。ギリガンは、何が正義に合致しているかという倫理観を男性にしばしばみられる「正義の倫理」とし、それとは異なるものとして女性が「ケアの倫理」という倫理観を持っているとする（七七）。「正義の倫理」とは、「何が正義に合致しているか」「何をするのが正当か」という問いかけを基準として、何をするべきか判断を下す考え方である。一方で、ケアの倫理とは、「他人が何を求めているか」「誰をケアするべきか」という問いかけに依拠したもので、どのような状況にあるかを念頭に相手の求めているものを模索し対応することを倫理的だと考える価値観である。

このような倫理観はウィルソンの考える女性の役割に通じる。ウィルソンによると男性たちの役割は社会によって課された不正義を問い、正当に与えられる権利を求めて戦うことであり、女性たちの役割は男性たちがそのように戦い続けられるようケアすることとなる。しかしながら前述のように、キングに代表されるように男性たちは往々にして不正義に対するフラストレーションを同胞に向け、ウィルソンの考えるアフリカ系アメリカ人男性の役割からは外れた道をたどることとなる。ここで問題になるのは、それがアフリカ系アメリカ人女性にどのような影響を与えるのか、そしてもしその結果どちらの性もがウィルソンが考えるジェンダーの役割分担を担うことができないならば、コミュニティは生存できないのか、という点である。

本稿ではアフリカ系アメリカ人の倫理観や価値観と、それに基づく行動の選択を「生きざま」と呼び、キングと、彼を取り囲む女性たちである、ルビーとトーニャの生きざまについて比較検討する。ウィルソンの発言を踏まえると、本作の男性たちの生きざまは戦士の魂を発揮することができずに、報復のために暴力を選択するというものである。一方で女性たちは他者へのケアを試みることを生きざまとする。これらの二つの生きざまは一見性別によって分担された役割のように見えるが、本作では両者が交錯し互いに作用する。その交差点を分析することで、ケアすることの困難さ及び、本作の悲劇的結末がさらなるケアの可能性を示しているということが浮き彫りになる。本稿ではケアの困難さがケアを暴力へと発展させうることを確認しながらも、ウィルソンの考えるジェンダーの図式を超えた関係性が、新たなケアの連鎖のヴィジョンにつながりうるということを考察する。

二　ヒル地区の男の生きざま——無意味な暴力と報復の連鎖

本作における男たちの生きざまは因果応報の理論に基づくものであり、その結果男性たちは互いに暴力を繰り返す。本節ではまず男性たちを取り巻く社会的状況と、それに起因する命の価値の下落に着目しつつ、男性たちが抜け出すことのできない暴力の連鎖について考察する。

まずは本作の背景となる一九八〇年代のピッツバーグの状況について確認する。一九八〇年代のピッツバーグでは、レーガン政権による自助の精神を称揚する諸政策（通称レーガノミクス）が施行された結果、貧富の差が拡大し、海外との市場競争の激化や石油価格の高騰に伴って、北部大都市では工場閉鎖や産業の郊外移転が行われた。都市中心部のブルーカラー労働者は、工場閉鎖によって雇用の機会を失い、中には生計を立てるために犯罪に走らざるを得なくなった者も現れ、外部からは社会的に孤立していった（桑原　三一三―一四）。本作においても、キングはレンタルビデオ店を開店することを夢としているが、合法な手段ではそのために貯蓄をするのはおろか生活費すら支払うこともままならず、盗品の売買や宝石店強盗など犯罪に手を染めずにはいられない。

　都市の空洞化に伴い貧困問題を抱えることとなったヒル地区の男性たちは、命の価値が下落しているという感覚に陥る。キングは次のように語る。

キング　［……］　あいつらがお前らに金を払う必要がない頃はよかったんだ。その頃あいつらはお前らにさせる仕事がたくさんあった。あいつらがお前らに金を払わないといけない今じゃ、お前のための仕事はない。俺は奴隷制時代一二〇〇ドルだった。今の俺は時給三ドル三五セントだ。俺は後退してるんだ。ほかのみんなは前進してるのに。

（『キング・ヘドリー二世』五五）

この台詞は、奴隷制時代に商品としてつけられた値と比べ、自分はわずかな時給分の価値しかない存在となってしまったというキングの意識を示す。これはレーガノミクスによって景気が回復し富裕層などがより豊かになる一方で、ピッツバーグのアフリカ系アメリカ人貧困層はその煽りを受けてさらに貧困へと貶められている苦しみを表し、彼らにとって命の価値が下落しているということを示唆する。このような価値観は、キングの「かつては何かが理由で殺されるものだった。今じゃ理由もなく殺される」（三四）という台詞にも示されている。コミュニティ内での命の価値の下落が、些細な出来事を契機に軽率に他者の命を奪ってもよいという考えにつながり、無意味な暴力の連鎖が生じることが予見される。

　ここでおさえておきたいのは、無意味な暴力に意味を見出そうとする力強い意志は、「やるかやられるか」の世界で生存するための戦いにつながるという点で「戦士の魂」に通底するものでありながら、その矛先が同胞へと誤って向けられると暴力の負の連鎖を生み出してしまうということだ。それを象徴するのが、キングの額についた大きな傷跡である。

　キングはある日パーネルにチャンプ（馬鹿にしたような

ニュアンスを含むあだ名）と呼ばれ気分を害したと語る。自分の尊厳を踏みにじられたと思ったキングは、後日パーネルに出くわしたときに何食わぬ顔で声をかけるが、それと同時に顔を切りつけられ、医者に四時間かけて一〇二針の縫合を施術されるような重傷を負う（七四―七五）。彼はその傷跡に関して、「あの傷は何か意味があるはずだと思った。傷を無くすことはできない。今それは俺の一部なんだ。その傷には何か意味があるはずだと思ったんだ。パーネルが生きている間は、それは単なる傷でしかない。それに何か意味を与えてやらないといけなかった」（七五、傍線引用者）と話す。キングの言葉は無意味に暴力を振るわれることの問題性を示唆するが、無意味な暴力だからこそ、彼はその問題を解決するためにはどうすればいいかわからない。その結果、キングは振るわれた暴力に遡及的に意味を与えるために、報復を決意・実行した。エルモアも「パーネルはお前を『チャンプ』って呼んだ時には知らなかったんだ、彼自身が悪い最期を招いたって。悪い最期は避けたいものさ。気づいたら悪い最期に向かってると良くない」（七五）とパーネルの責任を認め、キングを擁護する。無意味な暴力という捉えどころのない問題を前にして、男性たちは何とかそこに意味を見出そうとする結果、他人に暴力を振るわれた場合、自身にはそれ相応の暴力を相手に振るう権利があるという因果応報のロジックにたどり着くこととなる[3]。実際、因果応報の論理に従うと正当な暴力の行使である、とキングが考え実行したパーネルの殺害は、結果としてキングの命がパーネルの従兄弟に狙われるという事態を招く。「やつは血には血を、って言っているぞ」（一一六）と友人のミスターは命を狙われるキングに忠告するが、自らの置かれた状況を変えるための道を見いだせない男性たちは、血で血を洗う暴力のスパイラルに取り込まれ、ヒル地区の荒廃を強く印象付ける。

こうした男性たちの生きざまは、正義の倫理に基づいていると言えるだろう。男性たちは、暴力の連鎖を止めることもそこから逃れることもできないという状況に置かれており、そのような中で暴力に意味を見出すために、他者から被った暴力に対してはそれ相応の暴力をもって報復をすることが正当であり正義であるという信念を共有しているからである。このような生きざまと、女性たちの「ケア」という生きざまは対照的である。ウィルソンの考えるアフリカ系アメリカ人女性の役割とは他者をケアすることであり、そのためにはギリガンが論じた「ケアの倫理」、すなわち「何が公正か」ではなく「誰が何を求めているか」という問いを行動基準にしなければならないからである。

問題となるのは、本作の女性たちが、そのような生き方を求められながらも男性の生きざまに影響され、十分に他者をケアすることができないという点である。本作の二人の女性登場人物であるトーニャとルビーはどちらも母親という役割を担おうと試みるが、男性たちの生み出す暴力の連鎖がそれを妨げる。次節ではまずトーニャに着目し、彼女が母親としてのケアを行うことができないのは男性たちの生きざまが原因であるということを指摘する。

三　息子を守れない母親トーニャ

キングの妻であるトーニャには連れ子である一七歳の娘ナターシャがおり、キングとの間に第二子を身ごもっている。彼女のキングとの間のわだかまりが若い主人公夫婦の抱える問題として描かれる。結婚して数年たつにもかかわらず亡くなった元恋人ニーシャを忘れることができないキングの様子にもトーニャは不満を抱えるが、妊娠中の彼女にとって最も大きな懸念点となっているのは、子どもができるというにもかかわらず向こう見ずな生き方を選ぶキングの決断である。キングは前者に関しては自分の抱える問題を認識しているようでニーシャとの決別を試みるが、後者に関しては自覚的ではなく、トーニャが喜ぶだろうという誤解から犯罪に手を染めることで稼いだ金を彼女のために使おうと考え、トーニャに不安を抱かせる。そしてこのようなキングの生きざまこそが子を育てるうえでの現実問題としてトーニャの悩みの種となっている。

トーニャの不安とはすなわち、わが子を十分にケアすることができるかわからない、というものである。トーニャはこのような不安から、身ごもっている子を産み育てる意志をなくし、中絶するべきか否か逡巡する。その考えの背景には男性たちが生み出している暴力の蔓延が存在し、男性たちの生きざまが子に影響を及ぼす懸念がある。

トーニャはまず、言うことを聞かない娘ナターシャとの関係性を第二子中絶の理由とする。ここには犯罪に手を染め暴力の連鎖を紡ぐ男性たちの生きざまが影を落とす。以下はトーニャがキングに対して語るセリフである。

トーニャ　［……］　私は三五歳よ。世の中の目まぐるしい変化を見てきた。ナターシャを産んだ時は、私はこの上なく幸せだった。私には誰にも奪うことのできないものがあったの。愛する人がいた。私を愛してくれる人がいた。顔を上げると世界はおかしくなったようだった。あの子のお父さんは刑務所へ。あの子の義理のお父さんも刑務所へ。彼女は一七歳で赤ん坊を身ごもったけど、誰がその父親か知らない。（三七、傍線引用者）

ナターシャという愛し愛される存在ができ幸せの絶頂だったトーニャの世界を狂わせたのは、彼女の父親と義理の父親が刑務所送りになったことだとトーニャの台詞は示唆する。キングが犯罪行為に手を染めることはこのような彼女の経験を思い起こさせ、子の成長を案じさせ、彼女に精神的負担を強いる。

　さらにトーニャを悩ませるのが、暴力の蔓延するヒル地区において子を安全に育てることの困難さである。トーニャは次のようにキングに訴える。

トーニャ　［……］　私は誰かに子を撃ち殺されるためだけに子を育てはしない。命を大切にしないこの世界に新しい命をもたらしたいと思う？　子どもたちを生かしておくために戦わないといけないなら、わたしはもう赤ちゃんを育てたくはない。（三九）

暴力がはびこるヒル地区では子を安全に育てることは難しく、子は容易に暴力の犠牲になりやすい。このようなトーニャの懸念が、単に漠然とした不安に起因するものではないのは、無慈悲な暴力の犠牲になったバディ・ウィルの件からも明らかである。トーニャは、ドライブバイ・シューティングで亡くなったバディの母親が経験した悲痛な思いを引き合いに出す。

トーニャ　［……］　彼女は「バディ・ウィル」が帰ってくるのを待っていて、彼らは死体を持ってきたんだ。［……］　彼女は夕食をテーブルに用意した。「息子はフライドチキンが好きだ」と言って。彼女はフライドチキンを用意したんだ。「息子はさやいんげんが好きだ」と言って。彼女はさやいんげんも用意したんだ。彼女は息子がもう食べないことをわからないんだ。彼は洗濯物の山を残してた。彼女は息子がもう服はいらないことをわからないんだ。彼女はクローゼットの中を見た。息子はスーツを持ってなかった。彼女は息子にスーツを買わないといけないと思った。彼は試着できない。彼女はサイズを予想しないといけなかった。（三九）

息子を失った事実を受け入れられないバディの母親がとる行動は、息子の好物を料理し、息子の洗濯物を洗い、息子にスーツを買い与えようとするという、「何が息子の求めることとか」に基づいたケア行為である。しかしながらすでに亡くなっている息子が何かを求めることはできないというジレンマを、トーニャは指摘する。「私は何をするべきかわからない……どうしたら母親になれるのか」（三八）というトーニャの嘆きが表すように、ヒル地区の女性にとって母親としての役割を全うすることは、暴力が死を生む環境では難しいのである。

四　母親になれない母親ルビー

トーニャよりも人生経験が長く、息子も三十代を迎えているルビーにとってもまた、母親としての役割がテーマとなっている。「私にも誰かが必要だ」（四六）と語るルビーはエルモアとの過去や男性との逢瀬の思い出の語りからは、トーニャよりも一人の女性として描かれている。しかしながら本作において前景化されているのは彼女のキングとの関係性である。血のつながった息子でありながら、自身は歌手業に携わっている間におばのルイーズにキングを預けていたために、キングからは母親であるということを認めてもらえず、母親になることができない。さらに、彼女とエルモアとの恋と結婚も本作では描かれるが、エルモアはキングの実の父親を殺した犯人であり、キングとの関係性がここでも問題になる。

ルビーはキングが幼い頃に歌手として国中のクラブを巡る生活を送っていたため、キングの成長に立ち会うことができておらず、キングは「俺の母さんは死んだ。ルイーズが俺の母さんだ。ルイーズだけが俺が知ってる母さんだ」（一一二）とルビーの面前で言い放つ。ルビーはそれでも母親らしくキングの世話をしようと試みる。例えば、トーニャのために花を植えると言うキングに対し、いい土が必要だと助言をするルビーの様子からは、子どもの知らないことを教えようとする母親らしさを読み取ることができる。また、息子が冷蔵庫を盗み、盗品を売買しているのではと察したルビーは、刑務所に送られることになるぞと警告するが、これは悪事を働いてはいけないと子に忠告する母親らしい振る舞いである。

こうした振る舞いは、次の台詞で示されるような、キングの母親であるというルビーの意識の表れだと言える。

ルビー　［……］私は知ってることはすべて試したけど、キングは私が彼を愛してると信じてない。母の愛よ。なくなることは決してない。私は自分を愛してるけど、キングのことはもっと愛してる。時には私自身を愛してないこともあるけど、キングを愛さなくなることはない。あの子はそれがわからないのよ。

（四一）

母親としての意識を持っており、母親として振る舞おうとするも、子からは拒絶されてしまいもどかしく感じるルビーの様子は、息子をケアしようとするもできない母親に他ならない。

ルビーの息子との関係性がまず照射するのは、二人の間での「母親」というものに対する認識の差である。キングはルビーが生物学的な母親であると認識しているものの、彼女にケアされた記憶がないため、彼女を母親として認めない。これはキングの幼少期にルビーは歌手としてキングのもとを離れていたため、キングにはルビーではなくルイーズにケアされた記憶があるからである。対して、ルビーは母親の愛は消え去ることのないものであり、キングの母親として彼をケアしたいと願う。こうした認識の差異がわだかまりとなり、二人の間に心理的距離を生んでいる。

ただし、ここでもやはりコミュニティに蔓延する暴力がルビーとキングの母子関係に影響を与えている点は注意する必要がある。キングの実父リロイは三角関係の揉め事の末に命を落とし、キングの義理の父親ヘドリーは、前作『七本のギター』(*Seven Guitars*, 1995) で描かれているように、精神疾患が原因で殺人を犯す。こうした状況から推察できるのは、キングの養育費を稼ぐためにルビーが歌手として働かざるを得なかったということである。実際、ルビーは「私がやり方を知ってる唯一の仕事は歌を歌うことよ」（四七）と、歌うことを自分が知る唯一の労働手段として挙げている。キングの養育費を稼ぐという行為は、男性たちの暴力ゆえの父親の不在によってルビーに課されたものであり、彼に対するケアとなる一方で彼のそばでケアすることを阻む要因にもなったという二面性を持つ。

ただし、ルビーの歌はキングのケアにおいて別の形で重要性を帯びていたことも事実である。ルビーは歌手業を引退した理由について以下のように語る。

ルビー　私はもう歌わない、歌はやめた。人々は私が歌うのを好きだったわ。彼らは拍手して、何人かは歓声を上げげた。彼らはあとで、私がとても上手に歌ったって言ってた。そして私は帰って、横になって泣いてたの、とても孤独だったから。歌は何か特別なもののはずだと私は思ってた。（四九）

ここでルビーが感じていたと語る、歌の持つ特別さとは何だったのだろうか。それはミスターの前でルビーが歌を歌いながら歌手だった過去について懐古している台詞に読み取ることができる。

ルビー　私は機械でシャツをプレスする方法は知ってる。でも私はもっぱら歌を仕事にしてきた。それがやり方を知ってる唯一の仕事よ。かつてはバンドと歌ったわ。ウォルター・ケリーという男よ。西セントルイスにいた頃ね。遠い昔の話。

［……］

（ルビーが歌う。彼女は下手に歌うが、彼女が歌うことに精通しているのは明らかだ。単に彼女の声が使い古されているだけである。）

夕日の中に赤い帆

海へと出ていく

ああ　私の愛する人

私の元まで無事に連れ帰って。

ミスター　それ、エラ・フィッツジェラルドかサラ・ヴォーンが歌ってそうな古い曲みたいだ。

ルビー　これはキングのお気に入りだった曲。彼はいつも「ママ、『赤い帆』を歌って。ママ、『赤い帆』を歌って」って言ったものよ。私はいつも時期が来たらレコードを出せると思ってたけど、その時期が来たらウォルター・ケリーは別の人を連れてきたわ。ウォルターは大物だった。一度仲たがいをした。仲直りしたけど、前のようには戻らなかった。

（四八、傍線引用者）

ルビーは歌に絡めて、バンドとともにクラブを回って歌のパフォーマンスを行ったこと、および幼いキングに彼のお気に入りの歌を歌うようにせがまれたことを懐古するが、前者の仕事としての歌のパフォーマンスは辛い経験として語られる。対して、後者の思い出には、子の幼い頃を懐かしむ母親の気持ちが表れている。つまり歌がかつて持っていたと彼女が考える特別さは、ルビーが愛する息子を喜ばせるために歌う歌に見出す息子とのつながりであると考えられ、クラブなどで客に対して金銭のために歌う行為にはその特別さを見出すことができなかったために、歌うことをやめたと推測できる。観客が拍手喝采をしようとも、息子と離れている彼女の寂しさは埋まることがなかったのである。

ここで強調しておきたいのは、ウィルソンの考える男女の役割分担は、単純にアフリカ系アメリカ人の生活を二分するものではないという点である。ルビーがキングの求めるケアを提供することができなくなってしまったのは、キングの父親らヒル地区の男性たちが犯罪に加担し暴力を行使しあっていたからである。そしてそれが生み出したのは、キングがルビーを母親ではないと考え、彼女からのケアを拒むという母子のすれ違いである。暴力と犯罪という男性の選択と行動が女性の置かれた環境に作用し、ケアというウィルソンの考える女性の役割の遂行を不可能にする。男性たちの振るう無意味な暴力の影響が、キングだけではなくルビーとトーニャをもウィルソンの思い描く男女の役割を遂行することを阻む。

五　守るために血を流す暴力

ここまではトーニャとルビーという二人の女性に着目し、彼女たちがケアするという役割を担うことができないのは、彼女たちの属する共同体における男性たちの暴力が要因であるということを確認してきた。本作においてさらに問題となるのは、男性たちの暴力によって女性たちのケアする力の限界が露呈するところでは、彼女たちもまた暴力を行使せざるを得なくなるということである。ただし、こうしたケアの限界の先で行使される女性たちの暴力は、男性たちの報復としての暴力とは異なり、自身や愛する者を守るために、自身自身や守りたい者に対して行われる。

ルビーの暴力的な側面は、歌手時代のバンドリーダー、ウォルター・ケリーとの逸話を通して、かつてより具わっていたものだと示される。ルビーは、歌手業で成功できなかった理由として、ケリーとの不仲を挙げるが、ルビーが彼と不仲になったのは、彼によって性的な対象としてみなされ、利用されかけたからである。ルビーは、合意しないと告げたにもかかわらずケリーから性的関係を迫られ、とっさに持っていた酒瓶を割る。その際ルビーは怪我をしてしまうが、瓶の破片を彼の喉元に突きつけ、彼に自らの血を舐めさせ、彼の顔にその血を塗りたくる。ライリー・キーン・テンプル（Riley Keen Temple）はこのシーンに注目し、ルビーにもまた暴力性が具わっていることを指摘する（二〇二）が、相手との対話も成立せず、相手の求めに応じることが自分自身を脅かす状況下では、自らを守るために暴力を行使するほかに選択肢はない。しかしながら、ここでのルビーの暴力が興味深いのは、彼女が自身を守るために自身を傷つける、という点である。男性たちの報復の暴力とは異なって、暴力を振るわざるを得ない状況下における守る対象に向けた暴力は、自己完結的なものであり、戦うという役割を担わないはずの女性たちによる暴力への必死の抵抗だと言えるかもしれない。

こうした「守るために傷つける」という行為は期せずしてルビーによるキング射殺という形で繰り返される。つまり、キングを守るためにルビーがとった行動が、結果としてキングを傷つけることとなるのである。もちろん、意図的ではないという点では、キングの死は本作における他の「守るために傷つける」暴力とは少し異質である。したがって、次節ではキングの射殺を分析し、キングの死を報復としての暴力が断ち切られると同時に守るための暴力が行使される場ともなることを明らかにし、アフリカ系アメリカ人男女それぞれの生きざまが交錯し互いに作用しあう瞬間として捉える。

六　生きざまの交錯――断ち切られる報復としての暴力と行使される守るための暴力

エルモアとキングの対決は、ヒル地区の男たちによって紡がれてきた報復の連鎖がもたらしたものである。キングは自身の実の父親がエルモアに殺害されたリロイであったことを知り、父親の敵討ちをするべくエルモアと対決する。ミスターが「血には血を！　やつを追い詰めたぞ。血には血を！」（一〇一）とキングをたきつけるなか、エルモアの喉元に鉈を突き付ける。しかしここで着目したいのは、キングが結局は報復しないという決断を下す点、そして彼が男同士の暴力から命を落とすのではなく、わが子を守ろうとする母親の放った銃弾によって皮肉にも命を落とす点である。

（エルモアを傷つけることができず、キングは振り返ると地面に鉈を突き刺す。）

キング　さあ……お前は二度死んだ男だ。
ストゥール・ピジョン　山への鍵だ！
（キングはストゥール・ピジョンの方を向こうと振り返り、エルモアに背を向ける。エルモアは立ち上がり、銃を出す。ルビーは家の中へと入っていく。）
エルモア　振り返れ、こん畜生め！！　振り返れ！
ミスター　俺がついてるぞ。
キング　お前は手を出すな、ミスター。
エルモア　振り返れ、お前の目を見せろ！
（キングは振り返る。エルモアはキングを撃つことができず、銃を下ろし、地面を撃つ。）
ルビー（舞台外から）　エルモア！
（キングが家の方へと移動するなか、ルビーが登場し、以前ミスターから贈られたデリンジャー銃を発砲する。）
キング　母さん！
（銃弾はキングの喉に命中する。トーニャが叫ぶ。キングは猫が埋葬されている地面の近くに倒れる。ミスターとトーニャはキングに近寄る。）
（一〇一―一〇二）

桑原文子は、キングによる暴力の拒否と彼の死が黒人間の殺人の連鎖を断ち切ると指摘する（桑原　二二九）。つまりキングの決断は、無意味な暴力に意味を見出そうとさらなる暴力を行使するという男たちの生きざまに疑問を呈し、その連鎖を断ち切るものとして機能するのである。では、なぜキングはそのような決断をするに至ったのだろうか。その問いに答える鍵はキングの持つ「ケアの精神」にある。キングの決断は、それまで男性たちが判断基準としてきた「何が正当か」という問いではなく、「何を他者が求めているか」という問いを基準に下されたものである。
キングは第二節で確認したように、因果応報を掲げ暴力を振るう粗野な男性として描かれている面がある。しかし彼はそのような暴力的な男性像とは異なるキャラクター性も兼ね具えている。クリストファー・B・ベル（Christopher B. Bell）はこのようなキングのキャラクター造形に関して、ウィルソンが彼を暴力的な若者のステレオタイプとは異なるように描いていると指摘する（ベル　一二六）。実際、トーニャに対して、彼女の求めに十分応じられてはいないとはいえ、彼女に贈るために植物を育てようとしたり、宝石店強盗の際に事前に練った計画を無視して彼女に贈る指輪を盗んだりと、キングは恋人のことを気にかけているようにも描かれる。このようなキングの性質が、エルモアに対する暴力に歯止めをかける遠因となっていると言える。

キングのエルモアに対する報復の拒否は、トーニャと彼女との間の子どもに対するケアの感情を反映したものだ。トーニャは二幕三場でキングに、「あなたのするべきことはこの赤ん坊が、あなたが父親だとわかるように、そばにいることよ。そうして。一度くらいは、そうして。父親になって。それが男になる方法、それ以外私は何もいらない」（八五）と子の中絶をやめたことを伝え、暴力から手を引き父親として生きるようキングに懇願する。このようなトーニャの台詞が示唆するのは、ウィルソンの考える男女の役割分担に反して、他者へのケアは女性だけでなく男性も行う必要があるものであり、ケアが男性の役割にもなりうるという点であろう。

第一節でみたように、「ケアする」ということはつまりケアする対象の成長や自己実現を援助する、ということである。ならば、他者の命を奪うという行為は、その人物の成長の芽を摘み、自己実現を不可能にするという点で、「ケア」とは対極に位置する行動だと言える[4]。さらにキングの場合は、エルモアを殺害したならば、トーニャやわが子に対するケアも不可能になるのであって、暴力とケアは特に相容れない関係にある。よって、エルモアに対して暴力を振るえばパーネルを殺害し収監されたことの二の舞だと考えたキングが、他者に対するケアを優先するために、暴力の放棄という生きざまを示したと考えられる。

こうしたキングの決断がコミュニティに与える影響を示唆するのが、それに対するエルモアの反応である。エルモアは武器を放棄し無力になったキングに対し銃を構えるも、彼もキング同様に相手を殺すことができない。暴力を放棄するというキングの選択がエルモアに作用し、暴力の連鎖を断ち切る契機となったのである。

一方で、ルビーによるキング射殺は、ケアが暴力につながりうることを示す。ルビーはエルモアがキングに銃を向けると、家の中から銃をもちだしてきて、エルモア目掛けて発砲する。対話を試みずにエルモアに対する暴力を持って対立を解決しようとするルビーの行為は、ケアとは言えない。しかし息子に迫る死の危険を排除するという寸秒を争う状況下において、理想的なケアの倫理に従って行動するは難しい。キングの命が脅かされており対立の解決が一刻の猶予もない状況においては、ルビーは暴力を用いざるを得なかったのであり、ここでは彼女の行為がケアであるかどうかではなく、そもそもケアできず、「守るために傷つけ」ざるを得ないという状況が重要となる。

キングの死は、暴力による報復という男たちの生きざまの拒否であり、暴力に晒されても暴力で応えないという新しい男の生きざまである。こうした生きざまの背景には、彼自身のケアの精神が背景にある。それとは反対に、ルビーはキングをケアすることができないという状況のなか、彼を守るためにとっさに暴力を振るい、彼を殺害してしまう。暴力がケアによって断ち切られ、ケアできないがゆえに暴力を行使してしまうというキングの死は、暴力とケアの交錯が引き起こしたものなのだ。

七　コミュニティ復活の展望――エスターの復活

キングの死を引き起こしたケアと暴力の交錯は両価的なものである。一方ではそれは報復の連鎖を断ち切り、他者とのつながりを保つ効果を示す。他方では、ケアするためではあるものの他者、とりわけ守りたい他者そのものを傷つける。注目するべきなのは、そうした両価的なケアと暴力の交錯が、コミュニティ復活の展望の道を指し示すという点である。それを示唆するのが、コミュニティの中心的存在であったエスターの復活の兆しだ。エスターはコミュニティの人びとが「戦士の魂」を発揮できるように導く役割を担っていたが、人々がそのような力を発揮するのではなく、同胞に暴力を向けることでコミュニティの荒廃を進めてきたことを象徴するかのように死を迎える。彼女の復活は荒廃したコミュニティの変革を象徴的に示す。

エスターは三六六歳の老婆であり、「人生の秘密をすべて知っている」(二〇)コミュニティの精神的支柱であったが、本作では悲嘆に暮れるあまり亡くなってしまったと語られる(二一)。エスターの死を伝えるストゥール・ピジョンは、エスターとともに亡くなった猫を埋葬し、そこに犠牲となるものの血が流れればその猫は復活すると語る。終幕時にはそこにルビーの誤射によって死を迎えたキングの血が流れ、ストゥール・ピジョンが歓喜し、猫の鳴き声がすることでエスターの復活が示唆される。

ここで注目するべきなのは、エスターの象徴性である。数多くのウィルソンの劇の演出を手掛け、共同制作者としてウィルソンから絶大な信頼を得ていたロイド・リチャーズ(Lloyd Richards)はインタビューにおいて、エスターについて次のように述べる。

エスターのもとから帰ってくる人はみな処方箋や答えを持っているわけではないですが、みな信念と行動力とともに帰ってきます。エスターの家は彼ら自身の人格と魂の再生のための場所であり、理想の社交場です。彼女は、あなたに鏡を掲げ「これがあなたがなれるものだ」と示すイデアであり、人物であり、精神なのです。彼女はそれなのです。

（ペテンギル　一三四、傍線引用者）

エスターの役割は、迷えるアフリカ系アメリカ人に、自分があるべき姿になれるように後押しをすることである。エスターによって自分がなれる理想の姿を示された人々自身が、そうなるように努力することによって、自己実現を達成する。このようにエスターは、メイヤロフの言葉を借りれば、アフリカ系アメリカ人に「それらしくなる」(to be itself) ことを手助けし、またそうなることをよしとするケアの倫理を体現する存在である。ハリー・J・エラム・ジュニア (Harry J. Elam Jr.) は、音の類似性に言及しつつ「エスター (Aunt Ester)」は「祖先 (ancestor)」であると指摘する (二〇〇四：一八五) が、ウィルソンの男女観を踏まえるならば、アフリカ系アメリカ人が命をつないでくるために必要だった「戦士の魂」を持つ男性と、男性が「戦士の魂」を持てるようにケアする役割を担う女性の伝統的な役割を後世へと伝える役割を担っていると考えられる。これはキングとルビーがそれぞれエスターを訪れ、彼女から受けた影響からも読み取れる。

一幕二場ではルビーがエスターを訪れた経験をトーニャに語る。キングを身ごもっていたルビーは中絶を考え、エスターが中絶手術をしていると勘違いして彼女のもとを訪れたという。しかしルビーはエスターに諭され、キングを産むことを決意したと話す (四一—四二)。つまりエスターは、ルビーにキングを出産し母親としてケアをする役割を担うべきということをルビーに示唆するのである。

一方で、ストゥール・ピジョンによる言動の解釈を通して、エスターは亡きあともキングに「戦士の魂」を持つように促す役割も担う。キングは、かつてエスターの芝を刈っていたが、ある日彼女からキーリングを受け取ったと話す。これに対してストゥール・ピジョンが「鍵は徳のある者のものである。エスターがおまえにキーリングを与えたなら、お前は鍵を探さなければならないって言うことだ」(二一) と語り、キングに徳の高い人間になるにはどうすればいいかと考えるよう促す。その後ストゥール・ピジョンはキングに彼の父親殺害の凶器となった鉈を手渡し、「もしその血を洗い流す道を見つけることができたら、お前は山の頂上に座ることができる。世界の頂点に立てるんだ。」と諭し、許しこそ山への鍵だと語る（六二）。本作終盤でミスターはエルモアと対決するキングに関して、キングは「鏡を覗き込んで、自分がどのような男になるか見なければならない」（九八）と述べるが、報復を選択する男になるのか、それとも他者を許す男になるのかという問いにキングは答えなければいけない。ここでの他者を許し命を紡ぐ選択は、自らを危険に晒してでも受け継がれてきた暴力の連鎖を断ち切る、つまり、新たな未来のために命を賭ける「戦士の魂」に基づいた行為だと言えるだろう。

エスターは、アフリカ系アメリカ人が理想の姿になれるよう手助けをする鏡のような存在であり、またアフリカ系アメリカ人の生存に必要な役割分担を後世へと語り継ぐ祖先の象徴でもあるとされる。しかしながらキングの決断が示すのは、単に「戦士の魂」を持った男としてだけではない、という点は注目に値する。エスターが促すのは暴力の連鎖を断ち切ることだが、それは同胞ではなく抑圧的な社会に対して戦いを挑むよう促すものであると同時に、父親として、また夫として、妻や子のケアをするように促すものでもある。彼女の復活は荒廃したヒル地区の共同体の再生を示唆するが、思い描かれるのは、ジェンダーの役割を超えてケアをしあいながらも社会を変革しようとする人々の共同体の出現なのである。

結　語り継がれるケアの記憶

本稿では、『キング・ヘドリー二世』における暴力とケアの交錯について分析した。男性の生きざまは報復としての暴力が正義だとするもの、女性の生きざまは他者をケアするという図式が基本となるが、男性たちが報復ではなく許しを選択する男たちの姿は暴力を断ち切り、互いにケアする関係性のあり方を示す。一方で男たちの暴力によってケアが不可能になった女性たちは、暴力をもってケアしたい対象を守らざるを得なくなる。男たちがそれまでとは違う選択をし、女たちがそれまでとは違う行動をとるという結末は、必ずしもコミュニティ内の暴力の連鎖が断ち切られたことを示すわけではない。しかしコミュニティの未来を決定づけるのは、こうした暴力とケアの交錯の物語が記憶として語り継がれるという点にある。

ネル・ノディングス（Nel Noddings）はケアされた記憶

やケアをした記憶が「倫理的なケアリング」につながりうると指摘する（ノディングス　七九―八〇）。本作ではエルモアやトーニャ、そしてまだ産まれぬトーニャとの子に対してキングが実践したケアや、子を守るために暴力を行使したルビーのケアが、記憶として、共同体で語り継がれることが推測できる。こうした記憶がさらなるケアが誕生する契機となるのである。キングは命を落とすが、彼の下した決断と過ちによってもたらされた彼の死が悲劇としてヒル地区のアフリカ系アメリカ人によって語り継がれるならば、そこから更なるケアの連鎖が生み出される可能性があるだろう。

ウィルソンはアフリカ系アメリカ人の生存のためには、闘う男性とそれを支えケアする女性という役割分担が従来必要とされてきたと語る。しかし、本作が示すのは、固定された単純な二分法のジェンダー観ではない。無意味な暴力に意味を見出そうとさらなる暴力が振るわれる中で暴力を断ち切ろうとする意志を描くことによって、他者をケアする精神が称揚される。一方でウィルソンは、ケアすることが困難を極める場合は自他を守るために暴力を用いざるを得なくなる状況を描き、ある種のケアの限界を探る。そこで示される理想像は、それぞれの性が別々の状況に置かれていても、どちらも生存のために他のアフリカ系アメリカ人とのつながりを重んじ、ケアすることを選択することである。このような読解を通じてウィルソンの描くジェンダーを再考すれば、アフリカ系アメリカ人の生存につながるケアの精神が浮かび上がってくるだろう。

＊本稿は二〇二三年一〇月二日（土）に札幌学院大学で開催された日本アメリカ文学会第六二回全国大会での研究発表「*King Hedley II* の女性たち――交錯する男と女の生きざま」の発表原稿に大幅な加筆修正を施したものである。

註

1　このようなウィルソン作品の特徴から、女性は脇役としてあまり着目されることがなかった。例外として、エラム（一九九四）、サンドラ・G・シャノン（Sandra G. Shannon）（一九九四）などが挙げられ、これらの論文では課された性役割を避けることができなくてもそれへの抵抗を試みる存在としてウィルソン作品の女性たちが論じられている。

また、ヒル地区の精神的支柱である老婆エスターに関しては、彼女がアフリカ系アメリカ人の知恵や伝統を体現している（「序文」『キング・ヘドリー二世』x）とウィルソンが語っていることをふまえ、アフリカ人の奴隷から三〇〇年以上に渡るアフリカ系アメリカ人の祖先とのつながりを示す、歴史の精神的象徴として論じる研究が多い。本作に関連するものとしては、テンプル

（二〇一七）やシャノン（二〇一〇）が挙げられる。

2　翻訳は既訳をもとに必要に応じて一部表現を改めた。

3　品川哲彦は現代の正義について、人間が人間であるかぎりは平等に尊重される権利を持っているものとみなされ、そのため個人と個人とはたがいに対等な関係で公平に扱われるべきという価値観が存在すると指摘する。そして、こうした正義の概念自体が公正で中立なものであるとみなされることで普遍的なものだと考えられてきたとまとめている（品川　一七）。

4　キングはトーニャとの会話において、パーネルの墓を見かけ、彼に子どもがいたことを初めて知り、彼の死に思いを馳せたと語る。続けてキングはトーニャのために育て始めた花がエルモアに踏まれても育ち続けていることを引き合いに出し、「パーネルに踏みつけられて彼の命を根から引き抜いてしまった」のは正しかったのだろうかと改めて考える（八二―八三）。パーネルの未来を奪うことの問題性を、キングはトーニャへのケアの試みを通して初めて認識するという、ケアの重要性を示唆する場面となっている。

引用・参考文献

Bell, Christopher B. "A Century Lacking Progress: The Fractured Community in *Gem of the Ocean* and *King Hedley II*." *August Wilson's Pittsburgh Cycle: Critical Perspectives on the Plays*. Ed. Sandra G. Shannon. McFarland & Company, 2016. 117-127.

Elam, Harry J., Jr. *The Past as Present in the Drama of August Wilson*. U of Michigan P, 2004.

———. "August Wilson's Women." *May All Your Fences Have Gates: Essays on the Drama of August Wilson*. Ed. Alan Nadel. U of Iowa P, 1994. 164-182.

Gilligan, Carol. *In a Different Voice: Psychological Theory and Women's Development*. Harvard UP, 1982.（ギリガン、キャロル『もうひとつの声で――心理学の理論とケアの倫理』川本隆史・山辺恵理子・米典子訳、風行社、二〇二二年。）

Mayeroff, Milton. *On Caring*. Harper Perennial, 1971.（メイヤロフ、ミルトン『ケアの本質――生きることの意味』田村真・向野宣之訳、ゆみる出版、一九八七年。）

Moyers, Bill. "August Wilson: Playwright." *A World of Ideas: Conversations with Thoughtful Men and Women About American Life Today and the Ideas Shaping Our Future*. Doubleday, 1989. 167-80.

Noddings, Nel. *Caring: A Feminine Approach to Ethics and Moral Education*. U of California P, 2003.

Parks, Suzan-Lori. "The Light in August Wilson: A Career, a Century, a Lifetime." *American Theatre* 22.9 (2005): 22-25.

Pettengill, Richard. "Alternatives . . . Opposites . . . Convergences: An Interview with Lloyd Richards." *August Wilson: A Casebook*. Ed. Marilyn Elkins. Garland Publishing, 2000. 227-234.

Shannon, Sandra G. "The Ground on Which I Stand: August Wilson's Perspective on African American Women." *May All Your Fences Have Gates: Essays on the Drama of August Wilson*. Ed. Alan Nadel. U of Iowa P, 1994. 150-163.

———. "Turn Your Lamp Down Low!: Aunt Ester Dies in *King*

Hedley II. Now What?" *August Wilson: Completing the 20th Century Cycle.* Ed. Alan Nadel. U of Iowa P, 2010. 123-133.
Temple, Riley Keen. *Aunt Ester's Children Redeemed: Journeys to Freedom in August Wilson's Ten Plays of Twentieth-Century Black America.* Cascade Books, 2017.
Wilson, August. *King Hedley II.* Theatre Communications Group, 2005.
———. *Ma Rainey's Black Bottom.* Plume, 1985.
———. "Preface." *King Hedley II.* Theatre Communications Group, 2005. vii-xi.
———. *Seven Guitars.* Plume, 1997.
桑原文子『オーガスト・ウィルソン—アメリカの黒人シェイクスピア』白水社、二〇一四年。
品川哲彦『正義と境を接するもの—責任という原理とケアの倫理』ナカニシヤ出版、二〇〇七年。

日本アメリカ演劇学会
『アメリカ演劇』投稿規定

1．投稿論文は Word の電子ファイルとして作成し、電子メールに添付して本部事務局に送付のこと。

2．内容　特集作家に関する未発表の研究論文（和文）。ただし、特集作家以外のアメリカ演劇に関する未発表の論文、エッセイ、記事も可。

3．枚数　原則として A 4 判用紙に縦書きで 30 字×30 字とし、20,000 字以内（後注、文献一覧を含む。）

4．体裁　注は後注とし、本文の終わりにまとめ、引用文献一覧を付す。引用文は原文ではなく、和訳を記載する。外国の書名・作品名は和文で表記し、初出の箇所で和文の後に括弧をして原名を書く。その他書式の細部については、MLA などの標準的なマニュアルの最新版に従う。

5．原稿の採否および掲載の時期は編集委員が決定する。

6．校正は原則として 2 回とする。

7．宛先　日本アメリカ演劇学会事務局（E-mail: nihon_america_engeki@yahoo.co.jp）。件名は「『アメリカ演劇』原稿」とすること。

8．締切は毎年 12 月 20 日（事務局必着）とし、事務局からの受信確認メールをもって受理されたものとする。応募原稿と略歴をそれぞれ Word の電子ファイルとして作成し、電子メールに添付して学会事務局に提出すること。

その他

・本学会員のみが投稿資格を有する。

・論文の投稿は会員 1 名につき 1 篇とする。

・投稿原稿は未発表のものに限る。

・論文採用の執筆者には抜刷り 20 部を送る。

・掲載論文の著作権は日本アメリカ演劇学会に帰属する。論文の転載については、必ず日本アメリカ演劇学会事務局に照会し、転載許諾を得ること

※依頼原稿については、この限りでない。

（制定日 2010 年 8 月 1 日、改定日 2024 年 10 月 1 日）

日本アメリカ演劇学会
The American Drama Society of Japan

≪本　部　構　成≫

本部事務局	〒731-0192 広島市安佐南区祇園 5-37-1 広島経済大学教養教育部　森瑞樹研究室内 Tel：082-871-1000（代表）
会計事務局	〒310-8512 茨城県水戸市文京 2-1-1 茨城大学人文社会科学部人間文化学科　中山大輝研究室内 Tel：029-228-8111（代表） 郵便振替：00990-8-269899
公式ウェブサイト	http://america_engeki.greater.jp/

≪役　員　構　成≫

〈日本アメリカ演劇学会会則〉

第1条　本会は日本アメリカ演劇学会（The American Drama Society of Japan）と称し、本部事務局を会員が所属するいずれかの大学に置き、会計事務局を会員が所属するいずれかの大学に置く。

第2条　本会はアメリカ演劇の研究をおこない、あわせてその成果の発表をつうじ、内外学会との交流をはかることを目的とする。

第3条　本会は第2条の目的を達成するために次の事業をおこなう。

1．全国大会
2．機関誌『アメリカ演劇』の発行
3．会報の発行
4．その他必要と認められる事業

第4条　本会は次の会員で構成される

一般会員、学生会員、賛助会員、特別賛助会員

1．一般会員は、第3条の趣旨に賛同し、会費年額6,000円を納入するものとする。
2．学生会員は、第3条の趣旨に賛同する大学院生ならびに大学生とし、会費年額4,000円を納入するものとする。
3．賛助会員は、第3条の趣旨に賛同し、年額30,000円以上を納入する団体とする。
4．特別賛助会員は、第3条の趣旨に賛同し、年額150,000円以上を納入する団体とする。当該団体の代表者1名は、会員として本会に所属する資格を有し、その会費年額6,000円は免除される。

なお、会費の会計年度は4月1日から翌年3月31日までとする。

第5条　本会は次の役員を置く。役員の任期は2年とし、重任を妨げない。

会長1名　　副会長1名　　監事2名　　幹事若干名

評議員6名以内　　編集委員若干名　　地区委員若干名

1．会長は本会を代表し、会務を総轄する。会長は全会員の互選による。
2．副会長は会長を補佐し、会長に事故があった場合、会長の職務を代行する。副会長は全会員の互選による。
3．監事は本会の財政ならびに事務執行状況を監査する。幹事は評議員の推薦により、会長が委嘱する。

（4）

4．評議員は、評議員会を構成する。評議員会は本会に関する重要事項を審議し決定する。評議員の選出は、全会員の互選による。なお選出方法については、別途定める。

5．幹事は会長の統括のもとに本会の会務を執行する。幹事は評議員会の承認を経て会長が委嘱する。

6．編集委員は、機関誌の編集にあたる。全会員より選出された委員と評議員会より選出された委員が編集委員会を構成する。なお、編集委員を他の役職と兼任できるものとする。

7．地区委員は、各地区の連絡をはかり、本会の事業の実施にあたる。地区委員は、評議員会の承認を経て会長が委嘱する。

8．地区委員は、評議員とともに運営委員会を構成する。

第6条　本会は顧問を置くことができる。顧問は評議委員会の承認を経て会長が委嘱する。顧問は重要事項に関して評議員の諮問に答える。

第7条　本会は原則として年1回総会を開く。総会は全会員の4分の1以上の出席で成立し、その決定は出席会員の過半数によって決する。可否同数の場合は議長がこれを決する。

第8条　この会則の改正は、総会の承認を経なければならない。ただし、附則の郵便窓口対応に関する箇所については、事後承認とすることができる。また、改正年月日の記入も省略することができる。

（制定日 2010 年 8 月 1 日、改定日 2024 年 10 月 1 日）

＜日本アメリカ演劇学会選挙規程＞

1．この規程は、選挙による会長、副会長、評議員、編集委員の選出について定めたものである。

2．上記役員の選挙においては、賛助会員および特別賛助会員を除く会員は選挙権を有する。

3．顧問および学生会員は選挙権のみを有し、被選挙権は有さないものとする。

4．被選挙権を有する者は、日本アメリカ演劇学会会則第 4 条 1 項に定める一般会員で、任期開始時において 65 歳未満である者とする。

5．選挙の細目については、別途定める。

（制定日 2010 年 8 月 1 日）

日本アメリカ演劇学会　第12回大会　大会報告

と　き　2023年8月26日（土）・27日（日）
ところ　クロスウェーブ梅田
テーマ　21世紀アメリカの女性劇作家

研究発表

司会　茨城大学　中山　大輝

1. August Wilson と Suzan-Lori Parks 作品における「正義の倫理／ケアの倫理」

大阪大学（院）松岡　　玄

Carol Gilligan によれば、道徳的問題には「正義の倫理」と「ケアの倫理」という二つの語り方がある。「何が正義に適うか」という「正義の倫理」に依拠した判断基準ではなく、「他人は何を求めているか」「誰をケアするべきか」という問いかけに依拠した「ケアの倫理」は、自己を他者と相互依存的な関係の中にある存在として捉える。こうした Gilligan の指摘はそれまで男性中心的であった道徳の問題に新しい視座をもたらすとともに、ケア・ワークへの従事という性役割を担わされてきた女性の問題に焦点を当てる。

「ケア」という行為は、過酷な歴史を辿ったアフリカ系アメリカ人にとっても重要なものであった。生存と繁栄のためにアフリカ系アメリカ人にとって家族からの、あるいは共同体内でのケアは重要な位置を占めていた。August Wilson の作品においては、闘う男性とそれをケアする女性という構図が繰り返し提示される。*Fences* に代表されるように、往々にして男性登場人物たちは成功を追い求める一方で、そうした男性たちをケアする女性たちは男性との関係性に重きを置き、そうした関係性から自己を定義しようと試みる。「ケアの倫理」に従って生きる登場人物と「正義の倫理」に従って生きる登場人物の相違が葛藤を生み出すが、こういった女性の描き方を多くの批評家は疑問視してきた。

Suzan-Lori Parks の作品では男女の二項対立に還元されない「正義の倫理」と「ケアの倫理」を描くことにより、それらの関係性や「ケアの倫理」の限界が探求される。*Topdog/Underdog* ではケア労働が不十分な中互いにケアをしあって生活するアフリカ系アメリカ人の兄弟が、関係性に優劣をつけ“Topdog”になろうと互いに勝負に挑むに至る。家族をケアするという「ケアの倫理」と

相手よりも優位に立とうとする「正義の倫理」との間に揺れる男性の姿が描かれる。*Fucking A* では堕胎という他の女性のケアを担う Hester が、その能力を「復讐」という「正義の倫理」に依拠した暴力に用いるさまを描き「ケアの倫理」に基づく行為と「正義の倫理」に基づく行為とが必ずしも二項対立とは限らないことを示唆する。また、屠畜という生命の維持には不可欠な行為が死を求める子の殺害に用いられ、「ケアの倫理」の限界が模索される。

本発表では、「ケアの倫理」という観点から Wilson 劇と Parks 劇を研究することにより、Wilson 作品におけるケア労働が再評価できるとともに、Wilson 作品と Parks 作品の比較を通じて 20 世紀から 21 世紀という世紀転換期における現代アフリカ系アメリカ演劇の「ケアの倫理」の描き方の多様性を提示することができるということを示す。

司会　愛知学院大学　藤田　淳志

2. 無理解なのは誰か——*The Goat, or Who is Sylvia?* におけるエゴと欲求

大阪大学（非）　西村瑠里子

本研究発表は、Edward Albee による演劇作品におけるバイオポリティカルな読みの有用性を検討するものである。人を生きながらえさせる政治体制、バイオポリティクスにおいて、生はより快適な生活と円滑な社会のための管理対象であり、時にその欲求は気付かれないほどに自然な形で制限されている。

こうした生と政治の関係性への意識は、Albee 劇にも見受けられる。精神への統制は *The Zoo Story* から描かれ、身体の物象化は *The American Dream* において、遺伝や優生学的側面は *Who's Afraid of Virginia Woolf?* において展開される。心身への統制による言語表現の限界は Seascape へ、一方、人間の価値や精神と身体の一貫性は、*Three Tall Women* へ引き継がれる。またこれら二作品の世界観は、観客を社会が規定する秩序から引き離す効果を持つ。こうした技法やテーマの収斂として晩年作 *The Goat, or Who is Sylvia?* を指摘したい。

本発表は *The Goat, or Who is Sylvia?* に着目しバイオポリティクスの観点から分析することを試みる。まず矯正院のイメージに着目することで、治さなければならないものとして Martin のヤギの Sylvia への愛が強調されていることを確認し、人間の感情や欲求への統制と、社会を円滑に動かすためのスケープゴートという Martin の役割を指摘する。そのうえで、夫婦の相互理解の試みとヤギの役割に着目する。ヤギ殺しを、妻である Stevie が Martin を理解する

ことによって生じた結果として指摘することで、他者の無理解の被害者であるMartin の、加害者としての可能性を明らかにすることを試みる。

シンポジウム

Paula Vogel の娘たち

——21 世紀アメリカの女性劇作家と「傷」のドラマツルギー

司会・パネリスト：大阪大学　岡本　太助
パネリスト：大阪大学（非）　村上　陽香
広島経済大学　森　瑞樹
中央大学　黒田絵美子

Tony Kushner の大作 *Angels in America* に関する評論において、David Savran は 1990 年代のアメリカ演劇の凋落ぶりを嘆き、*Angels* がアメリカ演劇にとっての救世主として大きな期待をもって迎えられたことを指摘している。21 世紀に入っても、依然としてブロードウェイが輸入されたメガミュージカルや名作のリバイバルに依存する状況は変わらないものの、新しい世代の劇作家とその作品の批評的／興行的成功がアメリカの演劇界に活況をもたらしているのも事実である。そしてそうした新しい世代の劇作家の多くが女性であるという事実は、現在私たちが目撃しているのが、アメリカ演劇史において例を見ない特筆すべき構造変化であることを示唆している。

さらに、21 世紀アメリカ演劇を牽引する女性劇作家の顔ぶれを見ると、彼女たちの多くが劇作家 Paula Vogel の影響で劇作の道に足を踏み入れたという経歴の持ち主であることにも気付かされる。ある者は大学で直接 Vogel から劇作の手ほどきを受け、またある者は Vogel が打ち出した革新的技法やテーマをインスピレーション源として劇作を行っている。これら「Paula Vogel の娘たち」の劇作に見られる共通点や作家それぞれの個性を比較検討することで、21 世紀アメリカ演劇の現在地について新たな知見を得られるのではないか。それが本シンポジウム企画の出発点となった仮説である。またこれは、2014 年度大会の「21 世紀アメリカ演劇研究」が依然として男性作家中心のテーマ設定であったことへの反省から、アメリカ演劇史とアメリカ演劇研究史の暗黙の前提を批判的に見直す試みともなるだろう。

シンポジウムの構成としては、まず岡本が Paula Vogel の劇作の特徴について概説したうえで、弟子である Sarah Ruhl の作品における Vogel からの影響

を例証する。続く各パネリストによる個別発表では、Vogel からの影響を念頭に置きつつも、それぞれが取り上げる劇作家とその作品の分析を中心に報告を行う。いずれも 21 世紀に入り活動を始めた女性劇作家を対象とする点では共通しているが、Vogel からの影響ということとは別に、これらの作家が様々な意味での「傷」とそれにまつわる経験や感情をどのように物語化・舞台化するのかという視点を、今回のシンポジウムのテーマとして導入する。その「傷」は戦争による身体的あるいは精神的トラウマであるかもしれないし、性的暴力や人種間の暴力によって受けた傷であるかもしれない。あるいは病や事故による身近な人びとの死とそれが生み出す喪失感もまた、一種の傷であるだろう。言うまでもなく、Vogel はまさにこうした「傷」に人はどう向き合うべきかという問いを、その劇作の中心テーマとしてきた。そしてその問いを演劇という手段で提示するための創意工夫こそが、後続世代の劇作家たちに最も大きな影響を与えたのであり、21 世紀アメリカの女性劇作家による「傷」のドラマツルギーを読み解くことは、同時に Paula Vogel が生み出した新しい演劇の「かたち」を素描し、またそれを起点とする女性劇作家たちの系譜をたどることでもあるだろう。

(岡本　太助)

死者と踊る

――Paula Vogel と Sarah Ruhl 劇における翻訳されえない痛みについて

大阪大学　岡本　太助

David Savran は、Paula Vogel（1951-　）の作品集 *The Baltimore Waltz and Other Plays* に寄せた序文において、Vogel の劇作の特徴を以下のようにまとめている。まず Vogel は過去の演劇作品を題材としてそれらを批判的に書き直す、言わば制度化された演劇そのものを脱構築する作家である。またシクロフスキーやブレヒト的な異化が Vogel の劇作では多用され、それによりありふれた物事をあらためて批判的に見直すことが促される。そしてフェミニストを自認する Vogel ではあるが、彼女にとってフェミニストであるということは「政治的に正しくないこと」と同義であり、社会的に何が容認され何がされないかを決める基準そのものを異化するような態度を意味する。同様に Joanna Mansbridge も Vogel 劇における異化の重要性に言及し、Vogel はエイズやポルノグラフィといった議論を呼びそうなトピック「について」書く作家

ではなく、それらのトピックが議論の争点として取り上げられるに至る社会的・政治的プロセスそのものを演劇という手段で提示し、そうしたトピックに対して私たちがみせる「習慣化された反応」の異様さを暴き出すのだと述べている。

Paula Vogel の劇作のこうした特質が如実に表れるのは、例えばエイズで亡くなった兄についての追憶をダンスや外国語学習教材という形式になぞらえて提示したり（*The Baltimore Waltz,* 1992）、未成年者を性的に搾取した男とその被害者であった女性の関係を運転免許講習（と *Lolita*）の形式を借りて探究したり（*How I Learned to Drive,* 1997）というような、形式の借用によって異化効果を狙うケースだろう。口にするのもはばかられるような経験や出来事を演劇作品へと「翻訳」することによって、それを公の場での議論に向かって解き放つためにこうした技法が用いられるわけだが、端的に言えばそれは他者の抱える痛みが演劇というフィルターを通して私たち観客へと伝達されうるということ、つまり「痛みの翻訳可能性」を前提としている。これは他者の痛みの共有に他ならないが、Susan Sontag に言わせれば（*Regarding the Pain of Others*）、痛みの共有に際して暗黙のうちに想定される「私たち」なるものが、何よりも疑わしい前提であろう。Vogel が持つ、痛みを伝える手段としての演劇の有用性への信頼と、演劇によって痛みを翻訳することができるという考えに対する疑念のあいだに生じるアンビヴァレンスが、彼女の劇に独特の緊張感を付与していると言えるだろう。

大学時代、父の闘病生活とその後の死別という辛い時期に Vogel と出逢い劇作を志すこととなった Sarah Ruhl（1974- ）は、上述のような Vogel の劇作理念からもっともダイレクトに影響を受けた作家である。他者の痛みを「翻訳」することはできるのか、あるいはそもそも「翻訳」されえないことにも大きな意味があるのではないか。そうした問いをソープオペラの形式で舞台化する *The Clean House*（2004）を中心に、死者との対話をテーマとする *Dead Man's Cell Phone*（2007）や *Letters from Max*（2023）なども参照しつつ、Vogel から Ruhl へと継承される「傷」と「痛み」のドラマツルギーを明らかにしたい。

Lynn Nottage による非識字者たちの恋愛物語
――傷と癒しの共有

大阪大学（非）村上　陽香

Lynn Nottage（1964- ）は、女性劇作家として唯一、二度の Pulitzer Prize for Drama を受賞している。一度目の受賞作である *Ruined*（2008）では、コンゴ共和国での紛争の中、バー兼売春宿を舞台に Mama Nadi と彼女が雇い、囲う女性たちが描かれる。彼女たちは戦時中、兵士によるレイプや性奴隷扱いの被害に遭い、家族や地域からも追い出され、行き場を無くして Mama Nadi の元へ辿り着いた。Mama Nadi 自身も深刻な性暴力の結果、女性としての性的能力を喪失しており、作品タイトルになっている“ruined”の状態にある。同じように“ruined”な存在として Mama Nadi の元へやってくる Sophie が、特別な役割を担う。本作を語るとき、焦点にされがちなのは戦争における女性の凌辱や、彼女たちの生殖能力の剥奪が持つ軍事的な意味合いである。

しかしながら本発表では、Mama Nadi 同様に“ruined”である Sophie だけが読み書きができるという点に注目し、読み聞かせによる物語の共有というパーソナルな関係性から *Ruined* の新たな読みを提示したい。*Ruined* に登場する女性たちはほとんどが文字を読めず、Sophie が彼女たちに本を読み聞かせる。彼女が読んで聞かせる恋愛小説は、女性たちにとっての“refuge”となっている。文字が読めない、性的暴力や搾取によって傷を負った女性たちが、代読によっていかに癒しを得ているか、そしてその内容が、彼女たちが自分ではもう体験することのない恋愛の物語であることの意味について考察する。

また、*Intimate Apparel*（2003）では、読み書きのできない黒人の女仕立屋 Esther が、裕福な白人客や性産業に従事する黒人の友人に代読と代筆を頼みながら会ったことのない文通相手と心を通わせ、ついには結婚に至る。Esther は黒人、女性、そして 35 歳にして独身であるという多重の痛みに晒されているが、この文通が彼女に与えた、幸福な結婚生活や黒人向けパーラーを開くという夢への希望は多大だった。最終的にこの結婚は失意に終わるが、文字が読めない、あるいは書けない Esther が、周囲の人物の力を借りながら文通という一種の恋愛物語を紡ぐことで、癒しや自立への力を獲得していく側面がこの作品にも含まれていると考えられる。性別による、あるいは人種による痛みや傷を負い、自分では読むことも書くこともままならない女性たちが、他者との繋がりを通じて恋愛に関する物語を共有し、癒しを得る可能性について、本発表

では考えていきたい。

傷跡はそのままに

――Quiara Alegría Hudes 作品が見せる異質な繋がりを生むドラマツルギー

広島経済大学　森　　瑞樹

かねてより傷／傷跡を隠したいという欲求は私たちの社会において一般的なものとして受け入れられている。それは文字通りの傷／傷跡のみならず、隠しておきたい性的指向や身体的特徴といった比喩的な傷／傷跡にも当てはまる。そもそも傷／傷跡という言葉は、異質なそれを取り囲む正常な皮膚組織の存在があってこそ意味を成す。そして傷を治す／傷跡を消すという行為はいわゆる正常な組織へとそれらを均質化してゆくことである。そこからは「迫り来る死のトラウマ」（Frank Seeburger）を呼び覚ますものであると同時に、共同体へ参画するための異質ではない「私たちであること（we-ness）」（Seeburger）を脅かすものとして傷／傷跡を忌避してきたという文化的背景が透けて見える。しかしながら昨今の欧米においては、セレブリティが傷／傷跡を隠さずに公の前に立つことも多くなり、またそれが肯定的に受け止められている。それは傷／傷跡を自分自身であることの印として内在化・歴史化し、同時にその異質な自己そのものを開示する行為に他ならない。本発表では傷／傷跡を均質化の対象である異質なものでありながら、同時に確固たる自己を表明するメタファーとして扱うこととする。

Quiara Alegría Hudes（1977- ）はプエルトリコ系のアメリカ人（父はユダヤ系で母がプエルトリコ系）としてラテン系コミュニティで生まれ育った。そして彼女は幼い頃より自身が口にするスパングリッシュという特異な言語も含め、アメリカという社会において自身が異質な存在であることを自覚していたようだ。だからこそと言うべきか、劇作を始めてからは正しい英語で、いわば均質化された言語で執筆しなければならないという観念が彼女に取り憑いていた。しかしその後、師である Paula Vogel の言葉により、そのオブセッションは払拭されたと Hudes は回顧している。彼女の自伝 *My Broken Language*（2021）のタイトルそのものが明らかにするように、「壊れた（傷ものの）言葉」でなければ真のラテン系の物語を描くことは能わない。すなわち Hudes はその作品において、アメリカという社会における異質なものとして自身らを浮かび上がらせてゆくのである。

そこで本発表では、主に Elliot 三部作を扱い、ラテン系アメリカ人をアメリカ社会に刻まれた異質な傷／傷跡として提示しようとする Hudes のドラマツルギーを検討してゆく。その過程において、それらの傷／傷跡を取り巻く正常な皮膚組織としての「アメリカ」の姿を浮き彫りとし、アメリカにとって不可視のものであったラテン系の歴史及び文学（Gabriela Baeza Ventura & etc.）のあり方に新たな視座を提供したい。

Happiness への Obsession がもたらす痛みについて
――Amy Herzog の *Belleville* の作品分析より

中央大学　黒田絵美子

Amy Herzog（1979- ）の *Belleville*（2011）を中心に、現代アメリカ演劇を代表する女性劇作家である Herzog が作品において探求する「痛み」について分析する。パリのアパートを舞台にしたアメリカ人若夫婦の psychological thriller と評される *Belleville* では、happiness の追求が登場人物らを苦しめる obsession となっていることがドラマの底流として提示されている。例えば、28 歳の妻 Abby は幼少期より両親から「おまえが happy であれば将来何をしてもいい」と言われて育ったことが今の自分の精神不安定の原因となっていると語り、同い年の夫 Zack が自分を気遣って「君はどうしたい？」と尋ねることに非常な苛立ちを見せる。一方、夫のほうも妻の気に入ることは何かと慮ることに終始する生活に疲れており、マリファナを吸うことが常態化している。

本来、「痛み」とは対極に位置するはずの happiness が obsession となり、苦痛の元となるという皮肉な現象については、多くの一般向け著書や研究書でも指摘されている。貴志雅之編『アメリカ文学における幸福の追求とその行方』(2018) においてもアメリカの小説や演劇の中で展開される「幸福の追求」とその行方について、本学会会員たちが論考を寄せている。Herzog と同じ Yale 大学で法律学を専攻したアメリカの人気作家 Gretchen Rubin（1965- ）の *Happiness Project*（2011）は、「幸福」をアメリカの pragmatism に落とし込んだ著作であり、happiness の実感を得るための具体的な手法を提示している。

アリストテレスは「幸福」の根本は個人の生き方における美徳の追求にあるとしたが、ベンサムは「最大多数の最大幸福」という社会としての幸福の追求に力点を置いて「幸福」を論じた。さらに、「すべての人民が平等」に、「生命、自由及び幸福の追求」をする権利を有するとしたアメリカ独立宣言の理念

を具現化した合衆国憲法は、1787年の成立以来、現在なお機能している世界最古の成文憲法であり、民主主義の理想を謳うものである。しかし、今日、アメリカのみならず民主主義国家とされる国々において、平等や自由が理想的な形で実践されているか否かの答えは明白であり、コロナ禍を経験したわれわれは「生命」の尊厳についても危機的状況下では公平性が保たれないことを学んだ。

自らを Red diaper baby と称し、二世代前から共産主義者の家庭に育ったことを明かしている Herzog は、処女作 *After the Revolution*（2010）や *4000 Miles*（2011）の中で人間の行動において何が正義であるのか、その理想と現実を丹念に探究しており、「幸福の追求」という合衆国憲法の看板を異化するような外部的視点を持った作家である。舞台をパリに設定し、会話にフランス語を織り交ぜたアウェイな状況の中に、それぞれに問題を抱えるアメリカ人夫妻を置くという実験的視点により Herzog が試みている幸福、正義、自由の追求とは何かを考察し、現代アメリカ社会における「痛み」について分析する。

編集後記

＊今号は、二〇二三年の大会テーマであった「二一世紀アメリカの女性劇作家」の特集号です。奇しくも今号の編集過程が自民党の総裁選、アメリカ大統領選と重なることとなりました。その結果に対しては、我々それぞれが思慮を重ね、語るべきであるので、ここで述べることはありません。ただ、前者に女性初の内閣総理大臣の誕生、また後者に女性初の合衆国大統領の誕生の可能性を垣間見た方も多かったのではないでしょうか。そして、この「女性初の」という枕詞が喚起する複雑な感情に如何に向き合うべきなのでしょうか。また、我々が従事するアメリカ演劇研究も、男性作家の研究を主として理論化され、体系化されてきた可能性は否定できません。だからこそ、アメリカ女性劇作家が語るアメリカの姿を介することで、アメリカ演劇研究の新たな地平が拓かれるように思われます。今後いっそう、アメリカ女性劇作家の研究が盛んになることを願ってやみません。

＊今号前半には、二〇二三年大会の「ポーラ・ヴォーゲルの娘たち―二一世紀アメリカ女性劇作家と『傷』のドラマツルギー」と称されたシンポジウムを基にした二編が収録されています。巻頭の黒田絵美子氏の論考では、エイミー・ハーツォグの『ベルヴィル』を読み解き、アメリカの生の諸問題の根源に真摯に向き合うことを促す演劇の役割とその可能性が提示されます。そして、キアラ・アレグリア・ヒューディーズの作品を題材に、アメリカで生きる「傷」としてのラテン系アメリカ人を提示するドラマツルギーを分析する拙論が続きます。後半は新進気鋭の若手からの二編となります。エドワード・オールビーの『山羊』を分析した西村瑠里子氏は、多様性の内に巣食う差別化の諸相を暴き出します。また松岡玄氏は、オーガスト・ウィルソン研究に「ケアの倫理」という新たな切り口から挑んでいます。ウィルソン作品のジェンダー観に一石を投じる意欲的な論考です。

＊『アメリカ演劇』では、研究論文以外に劇評と書評も掲載しています。アメリカ演劇関連の上演や新刊書籍について情報をお持ちの方は、事務局までお知らせください。書評・劇評やその他の記事のご投稿も歓迎いたします。

＊この学会は、一般にも開かれていますので、アメリカ演劇にご関心のある方はどなたでも歓迎いたします。

＊年会費は一般が六〇〇〇円、学生が四〇〇〇円です。主たる活動は年一回の大会開催と機関誌『アメリカ演劇』の発行です。会員は大会での研究発表申込みと機関誌『アメリカ演劇』への投稿の権利を持ちます。投稿された原稿の採否は編集委員が厳正な審査の上、決定いたします。詳細は投稿規定をご覧ください。

＊入会をご希望の方は、学会ホームページ（http://america_engeki.greater.jp）をご覧の上、本誌発行者までお問い合わせください。

＊本学会は、先進的なアメリカ演劇研究の場として、研究の充実・発展のため努力しております。多数の皆さんのご参加と、研究発表・論文投稿を心よりお待ち申し上げます。

（森　瑞樹）

「21 世紀アメリカの女性劇作家特集」執筆者紹介

黒田絵美子　（中央大学総合政策学部教授）

森　瑞樹　（広島経済大学教養教育部准教授）

西村瑠里子　（近畿大学非常勤講師）

松岡　玄　（大阪大学大学院言語文化研究科博士課程 3 年）

（2024 年 4 月現在）

アメリカ演劇〈35号〉

二〇二五年三月二〇日発行

定価……（本体一、五〇〇円＋税）

発行者　日本アメリカ演劇学会
広島市安佐南区祇園五―三七―一（〒731-0192）
広島経済大学教養教育部
森瑞樹研究室内
電話（〇八〇）八七一―一〇〇〇（代表）

発売所　一般財団法人　法政大学出版局
東京都千代田区富士見二ノ一七ノ一（〒102-0071）
電話　東京（〇三）五二一四―五五四〇

印刷所　協和印刷株式会社
京都市右京区西院清水町一三（〒615-0052）
電話（〇七五）三一二―四〇一〇

カバー写真・装丁　森　瑞樹

ISBN978-4-588-99774-7